Lectures libres - easy reading

Lectures libres

 edited by
REBECCA M. VALETTE
BOSTON COLLEGE

HARCOURT, BRACE & WORLD, INC.
New York / Chicago / San Francisco / Atlanta

Illustrations by James R. Bowen

ACKNOWLEDGMENTS

The editor wishes to thank the following for permission to reprint copyrighted material:

Joseph Kessel and Librairie Plon for *L'Évasion*, from pages 13–56 of *L'Armée des ombres, chronique de la Résistance*, 1944, by Joseph Kessel. Copyright Librairie Plon, Paris. Tous droits réservés.

Librairie Académique Perrin for *La Mort du comte d'Astrac*, from pages 113–16 of *L'Esprit*, 1962, by Sacha Guitry. Copyright Librairie Académique Perrin, Paris.

Hugo de Haan for *Une Vieille Lampe à pétrole*, from pages 43–55 of *Jours de France*, September 24, 1966.

Éditions Gallimard for *Jeanne*, from pages 134–38 of *Carnets : mai 1935– février 1942*, 1962, by Albert Camus. Copyright © Éditions Gallimard, Paris.

Librairie Ernest Flammarion for *La Pèlerine*, from pages 401–03 of *Pour piano seul*, 1960, by André Maurois. Copyright Librairie Ernest Flammarion, Paris.

Éditions Gallimard for *L'Allumette*, from pages 87–94 of *Contes du matin*, 1916, by Charles-Louis Philippe. Copyright © Éditions Gallimard, Paris.

Preface

Lectures libres is a French reader designed to help intermediate college students make the transition from the highly controlled materials
used at elementary levels to the appreciation of unedited literary
works offered in advanced courses. The book is not a review gram-
mar, although it does contain notes on certain difficult French constructions; nor is it the basis for intensive audio-lingual exercises, even
though extensive oral questions on each selection permit active use
of spoken French in the classroom. The aims of the reader are three-
fold:

(1) to increase the reading power of the intermediate student
and to bring him one step closer to the goal of "liberated reading,"
i.e., to the point where he can understand unedited French texts and
appreciate style;

(2) to improve the student's ability to express himself in written French;

(3) to encourage the further development of his audio-lingual skills.

These goals can be attained only when the student finds the course material stimulating and accessible. The following features contribute to the realization of this objective:

High plot interest. The primary criterion for inclusion of selections was a lively story line. The student whose interest is aroused and maintained will be more highly motivated to continue reading the narrative.

Graded order of presentation. The selections, presented in lessons that contain about 1200–1400 words of text, are arranged in order of increasing difficulty. Even though *L'Évasion* by Joseph Kessel is much the longest story, the directness of the style and the rapidity with which the reader can identify with the characters make this the ideal first selection. Furthermore, Kessel himself has divided the story into a succession of brief scenes, which can be used as individual units of instruction if the teacher prefers to give even shorter reading assignments at the beginning of the course. Sacha Guitry's *La Mort du comte d'Astrac* and Hugo de Haan's somewhat longer *Une Vieille Lampe à pétrole* are both readily accessible to the intermediate student. *Jeanne* by Albert Camus introduces the student to a more poetic prose style in evoking the happiness of a young couple. In *La Pèlerine* André Maurois tells, in a sustained first-person narrative, of the mysical power possessed by an old hunting cape. *L'Allumette* by Charles-Louis Philippe presents the student with the more difficult prose style of the early twentieth century. This final selection might be considered a gateway to the great prose masterpieces of the nineteenth century.

Facing-page glosses. Any word that might present a comprehension problem to the student has been glossed on the facing page in French or in English, whichever seemed the more expedient, to save him the minutes otherwise wasted in referring to the end vocabulary. With the time saved by the accessibility of vocabulary glosses, the student will be able to read the selection through a second time for fluency.

Cultural and historical footnotes. Textual references to historical events, national attitudes, geographical locations, and famous people have been explained so that the student can read the stories with fuller comprehension.

Each lesson is built around a selection that students can prepare in one evening. The exercises, which provide sufficient follow-up material for the next class period, further the basic aims of the reader.

"Questions orales" allow for the necessary transition from carefully structured pattern drills to free oral expression. The questions are short enough so that intermediate students can answer them easily with books closed. The questions elicit a retelling of the story and thus bring the student's reading-comprehension vocabulary into his speaking vocabulary.

"Vers la lecture libre" contains notes on one or more structural aspects of literary French. Generous examples from the reading are given, but the teacher may wish to have students pick out additional examples from preceding lessons. As the student grows aware of these important features of the French language, his reading fluency will improve. Certain lessons bring the student's attention to questions of literary style and narrative technique.

"Vers la composition libre" offers topics for brief student compositions. The directed essays provide the student with key words to be incorporated into the composition. The free essays impose no restraints. In the course of the lessons, the student gains experience in writing straight descriptions and résumés and in making simple stylistic analyses.

During the class period, the teacher might well first ask one of the oral questions and then, after all the students have mentally prepared responses, call on a specific student for the answer. If the student called on cannot furnish the response, then he rapidly calls on another student. He might then return to the first student to request a repetition of the correct answer. Next the teacher might review some of the examples in the "lecture libre" section. The final part of the period might be devoted to the essay topics. In the early lessons, the teacher might elicit sentences using the cue words. The students might dictate the sentences to classmates who are at the board. Other students might make corrections (in French), if corrections are needed, and suggest alternate sentences that would also incorporate the key words. The free essays can be discussed in more general terms. As part of the homework assignment, students may prepare their own version of the essay to be handed in at the following class period. Thus, the reading and writing of French are primarily done as homework, and class time is devoted to the use of spoken French as a medium of communication.

REBECCA M. VALETTE

Contents

Première Partie

Joseph Kessel

Joseph Kessel (1898–   ), *member of the* Académie française, *was born in Argentina and educated in France. He remains best known for his novel* Le Lion (1958). L'Évasion *forms the first part of* L'Armée des ombres, chronique de la Résistance (1944). *While stationed in England with the* Forces Françaises Libres *during World War II, Kessel had ample opportunity to meet members of the Resistance movement who came through London. The story of* L'Évasion *is true, but the author found himself obliged to modify details in order to conceal the identities of the main characters.*

l'évasion *f* *escape*

la voiture cellulaire   voiture de la prison
glissant   *slippery*
le gendarme   *French policeman*

la joue   *cheek*   le paysan   *peasant, farmer*
s'engager   ici, pénétrer   le chemin de traverse   *crossroad*
observer   ici, dire
pressé   *in a hurry*

L'Évasion

PREMIÈRE LEÇON

1 Il pleuvait. La voiture cellulaire montait et descendait lentement la route glissante qui suivait les courbes des collines. Gerbier était seul à l'intérieur de la voiture avec un gendarme.[1] Un
autre gendarme conduisait. Celui qui gardait Gerbier avait des
joues de paysan et l'odeur assez forte.   5

   Comme la voiture s'engageait dans un chemin de traverse,
ce gendarme observa :

   — On fait un petit détour, mais vous n'êtes pas pressé, je
pense.

---

[1] **un gendarme** *During the Occupation in World War II, the French police
force was placed under German command.*

par = à travers   la lucarne   petite fenêtre   **grillagé** *grilled*
le bout   morceau
le siège *seat*

les provisions *f* *here, food*   il faut *one must*   se débrouiller
to manage, get along

hocher la tête *to shake one's head*
cet homme = Gerbier   la mine avenante *pleasing expression*

à qui = pour lequel   être gêné = être embarrassé   les menottes *f*
handcuffs

la nourriture *food*

à ce qu'on assure *according to what people say*   on = les Français

s'attendre à *to expect*

il n'en est pas venu un seul = pas un seul n'est venu
ça = le camp de prisonniers   ça rend bien service *it is quite useful*
en somme *all in all*   une chance *a piece of luck*

— Vraiment pas, dit Gerbier, avec un bref sourire.

La voiture cellulaire s'arrêta devant une ferme isolée. Gerbier ne voyait, par la lucarne grillagée, qu'un bout de ciel et de champ. Il entendit le conducteur quitter son siège.

— Ce ne sera pas long, dit le gendarme. Mon collègue va 5 prendre quelques provisions. Il faut se débrouiller comme on peut par ces temps de misère.

— C'est tout naturel, dit Gerbier.

Le gendarme considéra son prisonnier en hochant la tête. Il était bien habillé, cet homme, et il avait la voix franche, la 10 mine avenante. Quel temps de misère... Ce n'était pas le premier à qui le gendarme était gêné de voir des menottes.

— Vous ne serez pas mal dans ce camp-là,[2] dit le gendarme. Je ne parle pas de la nourriture, bien sûr. Avant la guerre les chiens n'en auraient pas voulu. Mais pour le reste, c'est le 15 meilleur camp de concentration qui soit en France, à ce qu'on assure. C'est le camp des Allemands.

— Je ne comprends pas très bien, dit Gerbier.

— Pendant la drôle de guerre[3] on s'attendait, je pense, à faire beaucoup de prisonniers, expliqua le gendarme. On a installé 20 un grand centre pour eux dans le pays. Naturellement il n'en est pas venu un seul. Mais aujourd'hui, ça rend bien service.

— En somme, une vraie chance, remarqua Gerbier.

— Comme vous dites, Monsieur, comme vous dites ! s'écria le gendarme. 25

Le conducteur remonta sur son siège. La voiture cellulaire

---

[2] **ce camp-là**   *This prison camp, located in France and under German control, held political prisoners who were opposed to the German Occupation.*

[3] **la drôle de guerre**   *"the phony war," i.e., the winter of 1939–40, which the French and British troops spent behind the Maginot line waiting for a frontal attack that never came.*

se remettre en route   partir à nouveau

adresser la parole à   parler à

ne... plus   *no longer*

renoncer   *to give up*

d'après   *according to*

deviner   *to guess*   que lui avait remises les gendarmes = que les gendarmes lui avaient données

remettre   donner

l'esprit *m*   *mind, intelligence*   **vif, vive**   *quick, alert*

à mater   *to subdue, hold in check*

l'ingénieur (*m*) **des ponts et chaussées**   *civil engineer*

le pouce   *thumb*   **se dire**   penser   **à ménager**   *to treat politely and cautiously*

soupçonné de   *suspected of*   **les menées** *f*   *here, schemes, activities*

libérer   *to free*   **sur non-lieu**   *on insufficient grounds for prosecution*

prévu   ici, réservé

sensible   *sensitive, appreciative*

la figure   visage

se remit en route. La pluie continuait de tomber sur la campagne limousine.[4]

2   Gerbier, les mains libres, mais debout, attendait que le commandant du camp lui adressât la parole. Le commandant du camp lisait le dossier de Gerbier.

« Toujours la même chose, pensait-il. On ne sait plus qui on reçoit, ni comment les traiter. »   5

Le commandant ne regardait pas Gerbier. Il avait renoncé à se faire une opinion d'après les visages et les vêtements. Il essayait de deviner entre les lignes dans les notes de police, que lui avaient remises les gendarmes en même temps que leur prisonnier.

« Caractère indépendant, esprit vif ; attitude distante et   10 ironique », lisait le commandant. Et il traduisait : « à mater. » Puis : « Ingénieur distingué des ponts et chaussées », et, son pouce dans la joue, le commandant se disait : « à ménager. »

« Soupçonné de menées gaullistes[1] » — « à mater, à mater. » Mais ensuite : « Libéré sur non-lieu » — « influence, influ-   15 ence... à ménager. »

Alors le commandant déclara avec une certaine solennité :

— Je vais vous mettre dans un pavillon qui était prévu pour des officiers allemands.

— Je suis très sensible à cet honneur, dit Gerbier.   20

Pour la première fois le commandant dirigea son regard lourd et vague d'homme qui mangeait trop, vers la figure de son nouveau prisonnier.

---

[4] **limousin**   *adjective referring to Limousin, a province in the Massif Central region of France.*

[1] **menées gaullistes**   *pro-Gaullist activities. During World War II, General de Gaulle was the leader of a large segment of the Resistance movement in France.*

serré   *here, tight*

certes   certainement

la méfiance   *here, extreme cautiousness*

le garde-magasin   gardien du magasin   le sabot   *wooden shoe*
   le bourgeron   *here, prison jacket*
la bure   *rough serge*

enlever   ôter   enfiler   mettre   sur le seuil   à la porte

il promena ses yeux = il regarda attentivement

ras   *flat, open*   se liaient et se déliaient des ondulations de terrain   *hills and valleys interlaced*
inhabité   sans habitant   la bruine   pluie fine et légère
le réseau de barbelé   *barbed-wire fence*   le chemin de ronde
   path taken by prison guards on patrol

la taille   *size*   répandu   *scattered*

se diriger vers   aller dans la direction de

Celui-ci souriait, mais seulement à demi ; ses lèvres étaient fines et serrées.

« A ménager, certes, pensa le commandant du camp, mais à ménager avec méfiance. »

3   Le garde-magasin donna à Gerbier des sabots et un bourgeron de bure rouge.

— C'était prévu, commença-t-il, pour les prisonniers...

— Allemands, je le sais, dit Gerbier.

Il enleva ses vêtements, enfila le bourgeron. Puis, sur le seuil 5
du magasin, il promena ses yeux à travers le camp. C'était un plateau ras, herbeux, autour duquel se liaient et se déliaient des ondulations de terrain inhabité. La bruine tombait toujours du ciel bas. Le soir venait. Déjà les réseaux de barbelés et le chemin de ronde qui les séparaient étaient éclairés durement. Mais les 10 bâtiments de taille inégale répandus à travers le plateau demeuraient obscurs. Gerbier se dirigea vers l'un des plus petits.

🎴 *Questions orales*

SCÈNE   1

1. Quel temps faisait-il ?
2. Qui était à l'intérieur de la voiture ?
3. Qui conduisait la voiture ?
4. Qui gardait Gerbier ?
5. Est-ce que Gerbier était pressé ?
6. Où s'arrêta la voiture ?
7. Qu'a fait le conducteur ?
8. Comment le prisonnier est-il habillé ?
9. Comment le prisonnier parlait-il ?
10. Pourquoi le gendarme était-il gêné ?
11. Comment est la nourriture du camp ?
12. Que pense le gendarme à propos du camp de concentration ?
13. A quoi s'attendait-on pendant la drôle de guerre ?
14. Qu'a-t-on installé pour les prisonniers allemands ?
15. Combien de prisonniers allemands sont venus ?
16. Pourquoi les prisonniers allemands ne sont-ils pas venus ?
17. Est-ce que le camp était utilisé ?
18. Qu'a fait le conducteur quand il est revenu ?
19. Pourquoi le camp est-il appelé « le camp des Allemands » ?
20. Où les gendarmes ont-il amené leur prisonnier ?

SCÈNE   2

21. Où est Gerbier ?
22. Est-ce que Gerbier a des menottes ?
23. Que fait le commandant ?
24. Que pense le commandant ?
25. A quoi le commandant a-t-il renoncé ?
26. Qu'est-ce que le commandant pense du prisonnier ?
27. Qu'est-ce que le commandant essaie de deviner ?
28. Où le commandant décide-t-il de mettre le prisonnier ?

29. Que répond le prisonnier ?
30. Vers qui le commandant dirige-t-il son regard ?

SCÈNE 3

31. Qu'a-t-on donné à Gerbier ?
32. Qu'est-ce qui était prévu pour les prisonniers allemands ?
33. Qu'est-ce qu'un bourgeron ?
34. Que fit Gerbier ?
35. Où est situé le camp ?
36. Quel temps faisait-il ?
37. Quel moment de la journée était-ce ?
38. Qui est-ce qui est éclairé ?
39. Les bâtiments étaient-ils éclairés ?
40. Où alla Gerbier ?

 Vers la lecture libre

L'imparfait et le passé simple

In narrative style, as *L'Évasion* illustrates, the *imparfait* is used to describe aspects of the background, such as

(1) the conditions and circumstances of the action:

> *Il pleuvait.*
> *La pluie continuait de tomber...*
> *C'était un plateau ras, herbeux...*
> *Le soir venait.*

(2) the appearance and traits of the characters:

> *Il était bien habillé...*
> *il avait la voix franche...*

(3) facts and happenings not directly expressing action:

Les réseaux de barbelés et le chemin de ronde qui les séparait étaient éclairés durement.

By contrast, the *passé simple* (for forms of this tense, see Appendix I) is used to narrate *specific facts and action* completed in the past:

> **La voiture cellulaire s'arrêta...**
> **Le conducteur remonta sur son siège.**

In general, the *imparfait* is also used

(1) to indicate a continuing or progressive action or state in the past:

> **Un autre gendarme conduisait.**

(2) to describe a state, condition, or circumstance existing in the past without mention of a beginning or end:

> **Il essayait de deviner...**
> **Celui-ci souriait...**

(3) to describe an action or condition that was habitual or repeated:

> **son regard... d'homme qui mangeait trop...**

By contrast, the *passé simple* is used to relate specific events that took place *at a precise moment* in the past implied by the context. It does not indicate continuity or simultaneity. The *passé simple* is used primarily in written style; in conversation it is usually replaced by the *passé composé.*

�֎ *Vers la composition libre*

Compositions guidées

1. Décrivez le camp (au présent).

   MOTS CLEFS   plateau / bâtiments / réseau de barbelés / chemin de ronde / terrain inhabité

2. Faites le portrait de Gerbier.

    MOTS CLEFS   voix / mine / lèvres / caractère / esprit / attitude

Compositions libres

1. Faites une description de la première scène.
2. Décrivez la nature et l'origine du camp.

abriter *to provide shelter for*   **cinq bourgerons rouges**   ici, cinq
prisonniers vêtus de bourgerons rouges
le voyageur de commerce *traveling salesman*   **assis à la turque**
squatting

le carton *cardboard*   **la gamelle** *aluminum dish (used by sol-
diers), mess kit*
converser parler
être allongé être couché   **la paillasse** *straw mattress*

accorder donner   **l'interné** *m* prisonnier   **étendre** *to spread*

empêcher de *to prevent from*   **grelotter** *to shiver*

la sueur *sweat*   **la fièvre** *fever*

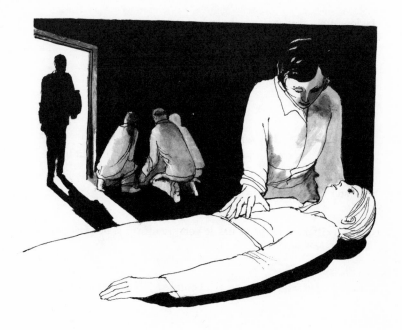

4   La baraque abritait cinq bourgerons rouges.

Le colonel, le pharmacien et le voyageur de commerce, assis
à la turque près de la porte, jouaient aux dominos avec des mor-
ceaux de carton, sur le dos d'une gamelle. Les deux autres prisonniers conversaient dans le fond à mi-voix.   5

Armel était allongé sur sa paillasse et enveloppé de l'unique
couverture qui était accordée aux internés. Legrain avait étendu
la sienne par-dessus, mais cela n'empêchait pas Armel de grelotter. Il avait encore perdu beaucoup de sang dans l'après-midi.
Ses cheveux blonds étaient collés par la sueur de la fièvre. Son   10

la douceur *gentleness* borné *here, simple*

serrer les poings *to clench one's fists* le chuintement *wheezing*
la poitrine *chest* affaissé *here, hollow* reprendre continuer (à parler)

se porter bien aller bien faire du mal *to hurt, harm*

que ça existe... je ne peux pas le comprendre $=$ je ne peux pas comprendre que ça existe...

l'usure *f* *fatigue, exhaustion* l'ombre *f* *here, shadow of death*

le repos *rest* exsangue *very pale*

commode facile
le salaud (*slang*) *dirty skunk*

se faire *here, to occur*
venait d'entrer *had just come in*

visage sans chair portait une expression de douceur un peu bornée, mais inaltérable.

— Je t'assure, Roger, je t'assure que si tu pouvais avoir la foi, tu ne serais pas malheureux parce que tu ne serais plus ré-volté, murmurait Armel.

— Mais je veux l'être, je le veux, dit Legrain.

Il serra ses poings et une sorte de chuintement sortit de sa poitrine affaissée. Il reprit avec fureur :

— Tu es arrivé ici, tu avais vingt ans ; moi j'en avais dix-sept. On se portait bien, on n'avait fait de mal à personne, on ne demandait qu'à vivre. Regarde-nous aujourd'hui. Et tout ce qui se passe autour ! Que ça existe et qu'il y ait un Dieu, je ne peux pas le comprendre.

Armel avait fermé les yeux. Ses traits étaient comme effacés par l'usure intérieure et par l'ombre grandissante.

— C'est avec Dieu seulement qu'on peut tout comprendre, répondit-il.

Armel et Legrain étaient parmi les premiers internés du camp. Et Legrain n'avait pas d'autre ami au monde. Il eut voulu tout faire pour assurer le repos de cette figure exsangue et angé-lique. Elle lui inspirait une tendresse, une pitié, qui étaient ses attaches avec les hommes. Mais il y avait en lui un sentiment encore plus fort — et inflexible — qui l'empêchait de consentir au murmure d'Armel.

— Je ne peux pas croire à Dieu, dit-il. C'est trop commode, pour les salauds, de payer dans l'autre monde. Je veux voir la justice sur cette terre. Je veux...

Le mouvement qui se fit à la porte de la baraque arrêta Legrain. Un nouveau bourgeron rouge venait d'entrer.

— Je m'appelle Philippe Gerbier, dit le nouvel arrivant.

se présenter   *to introduce oneself*   **tour à tour**   l'un après l'autre

je ne le sais pas davantage   je ne le sais pas plus que vous

je tiens à ce que   ici, je veux que
poursuivre   ici, dire
le jeanfoutre   (*slang*) *scoundrel*
s'écrier   dire

les affaires *f*   *business*   **la place**   *public square*

l'obus *m*   (*howitzer*) *shell;* l'obus Malher *is a conical container used in chemical experiments*
tué   ici, perdu
destiné à   *here, used for*
la pression   *pressure*
tout de même   après tout

entendre   ici, comprendre par
l'histoire *f*   *story*

faire fonction de   avoir le rôle de

Le colonel Jarret du Plessis, le pharmacien Aubert et Octave Bonnafous, le voyageur de commerce, se présentèrent, tour à tour.

— Je ne sais pas, Monsieur, ce qui vous amène ici, dit le colonel.

— Je ne le sais pas davantage, dit Gerbier en souriant à 5 moitié.

— Mais je tiens à ce que vous appreniez tout de suite pourquoi j'ai été interné, poursuivit le colonel. J'ai affirmé dans un café que l'amiral Darlan[1] était un jeanfoutre. Oui.

— Au moins, vous souffrez pour un idée, colonel ! s'écria le 10 voyageur de commerce. Mais moi qui passais simplement pour mes affaires sur une place où il y avait une manifestation gaulliste...

— Et moi, interrompit Aubert, le pharmacien, moi, c'est encore pire. 15

Il demanda brusquement à Gerbier :

— Savez-vous ce qu'est un obus Malher ?

— Non, dit Gerbier.

— Cette ignorance générale m'a tué, reprit Aubert. L'obus Malher, Monsieur, est un récipient de forme ogivale, destiné à 20 faire des réactions chimiques sous pression. Je suis expert-chimiste, Monsieur. J'étais bien forcé d'avoir un obus Malher, tout de même. On m'a dénoncé pour détention d'obus. Je n'ai jamais pu me faire entendre des autorités.

Gerbier comprit qu'il entendrait cent fois ces histoires. Il de- 25 manda avec une extrême politesse, où était la place qu'il devait occuper dans la baraque. Le colonel qui faisait fonction de chef de chambrée lui indiqua une paillasse libre, dans le fond. En y por-

---

[1] l'amiral Darlan   *François Darlan (1881–1942), a French admiral, who at the time of the story favored economic collaboration with Germany. He was later assassinated by a member of an anti-Fascist group.*

tendre la main   *to hold out one's hand*
se nommer   donner son nom

le Parti   ici, le Parti Communiste

ailleurs   dans un autre endroit   **à ce qu'il paraît**   *it seems*
doux, douce   ici, facile

près d'un an   presque un an

le plus ancien   *oldest* (*in terms of time spent in prison*)
l'instituteur *m*   *teacher in elementary or secondary school*

sale   ici, mauvais

exténué   extrêmement fatigué
être bien   *to be comfortable*
se pencher   *to lean forward*

tant sa valise Gerbier approcha ses autres compagnons. Il tendit la main à Legrain. Celui-ci se nomma et dit :

— Communiste.[2]

— Déjà ? demanda Gerbier.

Legrain rougit très fort et répondit très vite :   5

— J'étais trop jeune pour avoir ma carte au Parti, c'est juste, mais c'est la même chose. J'ai été arrêté avec mon père et d'autres militants. Eux, ils ont été envoyés ailleurs. Ici, à ce qu'il paraît, la vie était trop douce pour eux. J'ai demandé à les suivre, mais on m'a laissé.   10

— Il y a longtemps ? demanda encore Gerbier.

— Tout de suite après l'armistice.[3]

— Cela fait près d'un an, dit Gerbier.

— Je suis le plus vieux, dans le camp, dit Roger Legrain.

— Le plus ancien, corrigea Gerbier, en souriant.   15

— Après moi, c'est Armel, reprit Legrain... Le petit instituteur qui est couché.

— Il dort ? demanda Gerbier.

— Non, il est très malade, murmura Legrain. Une sale dysenterie.   20

— Et l'infirmerie ? demanda Gerbier.

— Pas de place, dit Legrain.

A leurs pieds une voix parla, douce, exténuée.

— Pour mourir, on est bien partout.

— Pourquoi êtes-vous ici ? questionna Gerbier en se penchant vers Armel.   25

[2] **Communiste** *The Communists played an important role in the French underground resistance movement during the Occupation. Many were jailed by the Germans.*

[3] **l'armistice** *On June 22, 1940, after six weeks of fighting, an armistice was signed between France and Germany. Under the terms of this agreement, the Germans were allowed to occupy a large portion of French territory.*

leur = les Allemands
la haine   *hatred*   **le juif**   *Jew*

se relever   *to stand up again*
foncé   *dark*

désolé   *sorry*
apprendre   *here, to teach*

pas la moindre disposition   *not the least inclination*

faire l'appel   *to call roll*

sifflant   *here, wheezing*   **le coin**   *corner*

maladroit   ici, stupide   **étouffer**   ici, enfermer

— Je leur ai dit que je ne saurais jamais enseigner aux enfants la haine des juifs et des Anglais, dit l'instituteur, sans avoir
la force d'ouvrir les yeux.

Gerbier se releva. Il ne montrait pas d'émotion. Seulement,
ses lèvres étaient devenues d'une couleur un peu plus foncée.   5

— Est-ce que vous jouez aux dominos ? demanda le pharmacien à Gerbier.

— Non, désolé, dit celui-ci.

— On peut vous apprendre, proposa le voyageur de commerce.   10

— Merci mille fois, mais vraiment je n'ai pas la moindre
disposition, dit Gerbier.

— Alors vous nous excuserez, s'écria le colonel. Il y a juste
le temps pour une partie, avant qu'il fasse nuit.

L'obscurité vint. On fit l'appel. On ferma les portes. Il n'y   15
avait aucune lumière dans la baraque. La respiration de Legrain
était sifflante et oppressée. Dans son coin, le petit instituteur dé-
lirait sans trop de bruit. Gerbier pensa : « Le commandant du
camp n'est pas si maladroit. Il m'étouffe entre trois imbéciles et
deux enfants perdus. »   20

❦ Questions orales

SCÈNE 4

1. Combien y a-t-il de prisonniers dans la baraque ?
2. Que font le colonel et ses amis ?
3. Avec quoi jouent-ils aux dominos ?
4. Que font les deux autres prisonniers ?
5. Où se trouve Armel ?
6. Dans quelle condition physique Armel est-il ?
7. Est-ce qu'Armel est malheureux ?
8. Est-ce que Legrain a la foi ?
9. Pourquoi Legrain est-il révolté ?
10. Armel et Legrain sont-ils amis ?
11. Pourquoi Legrain ne peut-il pas croire en Dieu ?
12. Qui est le nouvel arrivant ?
13. Que font les trois prisonniers lorsque Gerbier entre ?
14. Pourquoi le colonel est-il interné ?
15. Pourquoi le voyageur de commerce est-il interné ?
16. Pourquoi le pharmacien a-t-il été arrêté ?
17. A quoi sert un obus Malher ?
18. De quoi le pharmacien a-t-il été accusé ?
19. De quelle ignorance générale le pharmacien parle-t-il ?
20. Quelle place Gerbier va-t-il occuper ?
21. Pourquoi Legrain a-t-il été arrêté ?
22. Quand est-ce que Legrain est venu dans le camp ?
23. Où est le père de Legrain ?
24. Pourquoi le petit instituteur est-il couché ?
25. Pourquoi Armel n'est-il pas à l'infirmerie ?
26. Qu'est-ce que le voyageur de commerce propose à Gerbier ?
27. Pourquoi Gerbier refuse-t-il ?
28. Que font les gardes avant de fermer les portes ?
29. Pourquoi le petit instituteur délire-t-il ?
30. Gerbier pense-t-il que le commandant du camp est intelligent ? Pourquoi ?

Vers la lecture libre

The conversation

In French written style, direct conversations are generally preceded by dashes. Often, as in this story, quotation marks (or *guillemets*) are used to indicate an interior monologue or an unexpressed thought.

Moreover, there are many means of introducing direct conversation. In Scene 4, Kessel varies his approach in indicating the speaker by employing the following verbs: **murmurer, dire, reprendre, répondre, poursuivre, s'écrier, interrompre, demander, corriger, questionner, proposer.** In other scenes he also uses **balbutier, ajouter, observer, expliquer, remarquer, commencer, assurer, prier, gémir.** Additional variety of expression is gained by (1) alternating from proper name to pronoun to descriptive noun in referring to the speaker, (2) shifting the position of the introductory phrase from the beginning of the quotation to the middle to the end, and (3) inverting this phrase when it occurs at the middle or the end of the reported speech.

In *L'Évasion,* one may also note the following difference between the written language and the spoken language: in the dialogue the *passé composé* is used in reference to a specific completed action that took place in the past, but in the expository passages the *passé simple* is used. The following examples of the *passé composé* occur in this scene:

> *Tu es arrivé...*
> *j'ai été interné...*
> *J'ai affirmé...*
> *On m'a dénoncé...*
> *Je n'ai jamais pu...*
> *J'ai été arrêté...*

Vers la composition libre

Compositions guidées

1. Faites le portrait d'Armel.

   MOTS CLEFS   jeune / blond / malade / grelotter / sang / fièvre / Dieu

2. Décrivez l'arrestation du pharmacien.

   MOTS CLEFS   dénoncer / autorités / obus / récipient / réactions chimiques / victime / ignorance générale

Compositions libres

1. Décrivez l'atmosphère générale de la baraque.
2. Contrastez d'une part l'attitude d'Armel et de Legrain et d'autre part celles du colonel, du voyageur de commerce et du pharmacien.

malgré *in spite of* la fraîcheur *coolness* aigu, aiguë
  sharp, keen
nu *naked*
la serviette *towel* les reins *m* *here, waist* la culture physique exercices physiques
mat *dark* sec, sèche *here, lean*
le jeu *here, movement*

le sentiment ici, l'impression entamer *to break*

rien que de le seul fait de

siffler *here, to wheeze* le poumon *lung* la vessie *here,*
  goatskin creux, creuse *hollow*

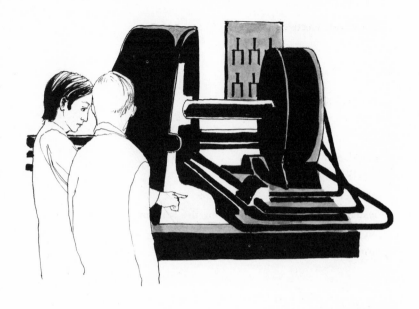

5   Le lendemain quand Roger Legrain sortit de la baraque, il
pleuvait. Malgré cela et malgré la fraîcheur aiguë de la matinée
d'avril sur un plateau exposé à tous les vents, Gerbier nu, en
sabots, et une serviette autour des reins, faisait de la culture physique. Il avait un corps de couleur mate, de consistance sèche et   5
dure. Les muscles n'étaient pas visibles, mais leur jeu uni, compact, donnait le sentiment d'un bloc difficile à entamer. Legrain
considéra ces mouvements avec tristesse. Rien que de respirer profondément faisait siffler ses poumons comme une vessie creuse.
Gerbier cria entre deux exercices :   10

la centrale électrique   *power plant*

vif, vive   *brisk*

obsédant   *haunting*
mûrir   *to bring to maturity*
toucher   ici, recevoir   **la croûte**   *crust*
le métier   *trade, profession*   **perdre la main**   *to lose one's touch*
un point c'est tout   et, c'est tout
mince   thin   **la naissance**   *bridge (of the nose)*

le pli   *crease*
l'on eut dit   il semblait   **se fondre en**   *to merge into*

faire face   *here, to turn and face*

balbutier   *to stammer*

assurer   *here, to tighten*   **reprendre**   ici, continuer de nouveau
s'effacer   ici, disparaître
pluvieux, pluvieuse   couvert de pluie

— Déjà en promenade !

— Je vais à la centrale électrique du camp, dit Legrain. J'y travaille.

Gerbier acheva une flexion et s'approcha de Legrain.

— Bonne place ? demanda-t-il.

Une vive rougeur monta aux joues caves de Legrain. C'était, de temps en temps, le seul signe de sa grande jeunesse. Pour le reste, les privations, la réclusion et surtout le travail constant d'une lourde et obsédante révolte intérieure, avaient terriblement mûri son visage et son comportement.

— Je ne touche même pas une croûte de pain pour mon travail, dit Legrain. Mais j'aime le métier et je ne veux pas perdre la main. Un point c'est tout.

Le nez aquilin de Gerbier était très mince à la naissance. A cause de cela, ses yeux semblaient très rapprochés. Quand Gerbier regardait quelqu'un avec attention, comme il le faisait en cet instant pour Legrain, son éternel demi-sourire se fixait en un pli sévère et l'on eut dit que ses yeux se fondaient en un seul feu noir. Comme Gerbier demeurait silencieux, Legrain pivota sur ses sabots. Gerbier dit doucement:

— Au revoir, camarade.

Legrain lui fit face avec autant de brusquerie que s'il avait été brûlé.

— Vous êtes... vous êtes... communiste ? balbutia-t-il.

— Non, je ne suis pas communiste, dit Gerbier.

Il laissa passer une seconde et ajouta en souriant :

— Mais cela ne m'empêche pas d'avoir des camarades.

Gerbier assura sa serviette autour des reins et reprit sa culture physique. Le bourgeron rouge de Legrain s'effaça lentement sur le plateau pluvieux.

le temps s'établit au beau = le beau temps revint

tardif, tardive *late*   éclater *to burst out*

jaillir *here, to blossom*

le détenu prisonnier   l'échine *f* dos

aigu, aiguë *here, lean*   la côte *rib*   saillant *sticking out*
la peau *skin*   flasque *flabby*   réduit *reduced*

arpenter marcher rapidement **tout le long du jour** = pendant
toute la journée   **se heurter à** *to bump into*
assommé *here, made dizzy*
n'aurait su dire = n'aurait pu dire   éprouver *to feel*   le dégoût *disgust*

apercevoir voir, remarquer

la chaleur ici, le soleil   **vivement** rapidement

jeter *to throw*

tousser *to cough*   **dans votre sommeil** quand vous dormez

l'étonnement *m*   *surprise*

diriger *to direct*

la ligne de force *power line*

se mettre à commencer à   **briller** *to shine*

6   Vers le milieu de mai le temps s'établit au beau d'une façon durable. Le printemps tardif éclata d'un coup, dans toute sa force. Des milliers de petites fleurs jaillirent dans l'herbe du camp. Les détenus commencèrent à prendre des bains de soleil. Les échines aiguës, les côtes saillantes, les peaux flasques, les bras réduits à 5 la forme des os, reposaient parmi les fleurs toutes fraîches. Gerbier, qui arpentait le plateau tout le long du jour, se heurtait sans cesse à cette humanité d'hôpital assommée par le printemps. Personne n'aurait su dire s'il éprouvait pour elle du dégoût, de la pitié ou de l'indifférence. Il ne le savait pas lui-même. Mais quand 10 il aperçut, à l'heure de midi, Legrain s'exposant comme les autres à la chaleur, Gerbier alla vivement à lui. « Ne faites pas ça, et couvrez-vous tout de suite », dit-il. Comme Legrain n'obéissait pas, Gerbier jeta un bourgeron sur le torse pitoyable du jeune homme.   15

— Je vous entends respirer et tousser dans votre sommeil, dit Gerbier. Vous avez sûrement quelque chose aux poumons. Le soleil est très dangereux pour vous.

Gerbier n'avait jamais paru s'intéresser à Legrain plus qu'au pharmacien ou au colonel de leur baraque.   20

— Vous ne ressemblez pas à un docteur, dit Legrain avec étonnement.

— Et je ne le suis pas, dit Gerbier, mais j'ai dirigé l'installation d'une ligne de force en Savoie.[1] Il y avait là des établissements pour tuberculeux. J'ai parlé avec les médecins.   25

— Les yeux de Legrain s'étaient mis à briller. Il s'écria :

— Vous êtes dans l'électricité ?

— Comme vous, dit gaîment Gerbier.

---

[1] la Savoie   *a French province located in the Alps.*

parler métier   *to talk shop*
se montrer   *to appear*

s'étendre   *to stretch out*   **mâchonner**   *to chew*   **la tige**   *blade*
   (of grass), stem (of a flower)
le groupe électrogène   *dynamo*
le réseau   *network*   **la force**   *power*

conduire   ici, amener

tenu   *here, run, kept up*
le savoir   *knowledge*   **le goût**   *style*

s'écouler   se passer   **se comporter**   *to act, behave*
la veille   jour d'avant

mettre à la disposition de   donner à

fumer   *to smoke*   **coup sur coup**   l'un(e) après l'autre   **la**
   toux   *cough*   **épuiser**   *to wear out, exhaust*

paisible   *quiet, in a peaceful mood*

— Oh non ! Je vois que vous êtes un Monsieur dans la par-tie,[2] dit Legrain. Mais on pourrait parler métier tout de même.

Legrain eut peur de se montrer indiscret et ajouta :

— De temps en temps.

— Tout de suite, si vous voulez, dit Gerbier. 5

Il s'étendit près de Legrain et, tout en mâchonnant des tiges d'herbes et de fleurs, écouta le jeune homme parler du groupe électrogène, du voltage, des réseaux de lumière et de force.

— Ça vous plairait que je vous y conduise ? demanda enfin Legrain. 10

Gerbier vit une station assez rudimentaire mais tenue avec savoir et goût.

7   Le petit instituteur mourut une nuit, sans plus de délire qu'à l'accoutumée. Des Kabyles[1] emportèrent son corps de bonne heure. Legrain alla à son travail. La journée s'écoula et il ne se comporta pas autrement que la veille. Quand il revint à la ba-raque, le colonel, le pharmacien et le voyageur de commerce ar- 5 rêtèrent leur partie de dominos et voulurent le consoler.

— Je ne suis pas triste, dit Legrain. Armel est bien mieux comme ça.

Gerbier ne dit rien à Legrain. Il mit à sa disposition le pa-quet de cigarettes qu'un gardien lui avait vendu dans l'après-midi. 10 Legrain en fuma trois, coup sur coup, malgré la toux qui l'épui-sait. La nuit vint. On fit l'appel. On ferma les portes. Le colonel, le voyageur de commerce, le pharmacien s'endormirent l'un après l'autre. Legrain paraissait paisible. Gerbier s'endormit à son tour. 15

---

[2] **Vous êtes un Monsieur dans la partie** *You are on the management end. (By contrast, Legrain is a simple worker.)*

[1] **les Kabyles** *Algerian workers who are prisoners in the camp.*

retrouver le sommeil   dormir à nouveau

se forcer à   s'obliger à   étouffer   ici, arrêter

le hoquet   *hiccup*   le sanglot   *sob*   chercher à tâtons   *to grope for*

mon vieux   (*expression of friendship*) *old man*

aucun son ne se fit plus entendre = on n'entendit plus aucun son
le son   *sound*
lutter   *to struggle*
juste   ici, correctement

le poids   *weight*   l'épaule *f*   *shoulder*   osseux, osseuse   *bony*

le gémissement   *sigh, moan*   grêle   *faint and high-pitched*   à
peine   *hardly*

je n'en peux plus   *I can't go on*

lâcher   abondonner, oublier

se taire   *to be quiet*

il s'est fait   il est né

Il fut réveillé par un bruit familier. Legrain toussait. Gerbier pourtant ne put retrouver le sommeil. Il écouta plus attentivement. Et il comprit. Legrain se forçait à tousser pour étouffer les hoquets de ses sanglots. Gerbier chercha à tâtons la main de Legrain et lui dit à voix très basse :   5

— Je suis là, mon vieux.

Aucun son ne se fit plus entendre pendant quelques secondes, à l'endroit où était la paillasse de Legrain. « Il lutte pour sa dignité », pensa Gerbier. Il avait deviné juste. Mais Legrain n'était tout de même qu'un enfant. Gerbier sentit tout à coup un 10 corps sans poids et de petites épaules osseuses se contracter contre lui. Il entendit un gémissement grêle, à peine perceptible.

— Je n'ai plus personne au monde... Armel m'a laissé. Il est peut-être chez son bon Dieu maintenant. Il y croyait si fort. Mais moi je ne peux pas le voir là-bas... Je n'y crois pas, Monsieur 15 Gerbier... Je vous demande pardon... mais je n'en peux plus. Je n'ai personne au monde. Parlez-moi de temps en temps, Monsieur Gerbier, vous voulez bien ?

Alors Gerbier dit à l'oreille de Legrain :

— On ne lâche jamais un camarade, chez nous, dans la Ré- 20 sistance.[2]

Legrain s'était tu.

— La Résistance. Tu entends ? dit encore Gerbier d'une voix secrète et lourde comme la nuit. Endors-toi avec ce mot dans la tête. Il est le plus beau, en ce temps, de toute la langue fran- 25 çaise. Tu ne peux pas le connaître. Il s'est fait pendant qu'on te détruisait ici. Dors, je promets de te l'apprendre.

---

[2] **la Résistance** *the underground movement that many Frenchmen joined in opposition to the German Occupation. The French Resistance included both a Gaullist faction, controlled from London by General de Gaulle, and a Communist faction.*

✿ *Questions orales*

SCÈNE 5

1. Quel temps faisait-il ce matin-là ?
2. Que faisait Gerbier ?
3. Pourquoi Legrain était-il triste en considérant Gerbier ?
4. Où Legrain allait-il ?
5. Quel signe Legrain donnait-il de sa grande jeunesse ?
6. Legrain avait-il un visage d'enfant ?
7. Pourquoi Legrain travaillait-il à la centrale ?
8. Quel était le métier de Legrain ?
9. Comment Gerbier regardait-il quelqu'un avec attention ?
10. Gerbier avait-il des camarades ?

SCÈNE 6

11. Quel temps faisait-il au mois de mai ?
12. Quels étaient les signes du printemps ?
13. Que faisaient les prisonniers ?
14. Quels étaient les sentiments de Gerbier envers les prisonniers ?
15. Qu'a fait Gerbier lorsqu'il a vu Legrain ?
16. Pourquoi lui a-t-il dit de se couvrir ?
17. Que faisait Legrain pendant son sommeil ?
18. Pourquoi le soleil était-il dangereux pour Legrain ?
19. Pourquoi Gerbier a-t-il été en Savoie ?
20. Avec qui Gerbier a-t-il parlé quand il était en Savoie ?
21. Quel était le métier de Gerbier ?
22. Pourquoi les yeux de Legrain se sont-ils mis à briller ?
23. Qu'est-ce que Legrain a proposé à Gerbier ?
24. Legrain et Gerbier avaient-ils le même métier ?
25. De quoi Legrain avait-il peur ?
26. De quoi Legrain a-t-il parlé ?
27. Que faisait Gerbier en écoutant Legrain ?
28. Où Gerbier et Legrain ont-ils été ?
29. Est-ce que la station était compliquée ?
30. Comment Legrain tenait-il la station ?

SCÈNE 7

31. Comment mourut le petit instituteur ?
32. Comment se comporta Legrain ce jour-là ?
33. Que firent le colonel, le pharmacien et le voyageur de commerce quand Legrain revint à la baraque ?
34. Que leur répondit Legrain ?
35. Qu'est-ce que Gerbier donna à Legrain ?
36. Quel bruit familier réveilla Gerbier ?
37. Pourquoi Legrain toussait-il ?
38. Qu'est-ce que Legrain demanda à Gerbier ?
39. De quoi Gerbier parla-t-il à Legrain ?
40. Quel était le plus beau mot de la langue française à ce moment-là ?

Vers la lecture libre

Reflexive verbs

A verb is reflexive, by definition, when it has a reflexive pronoun (**me, te, se, nous, vous**) as its object complement. When unaccentuated, the French reflexive pronouns precede the verb. The compound tenses of the reflexive verbs are formed with the auxiliary **être** rather than **avoir**. In these scenes we read

> *Les yeux de Legrain s'étaient mis à briller.*
> *Legrain s'était tu.*
> *Il s'est fait...*

The meaning of French reflexive verbs is not always related to the meaning of the simple verb taken alone. Of course, in some cases the reflexive verb indicates that the action is directed back upon the subject:

s'exposant... à la chaleur   *exposing himself . . . to the warmth*

In other cases there is a slight difference in meaning between the simple verb and the reflexive verb:

montrer	*to show*	se montrer	*to appear* (*to show oneself*)
intéresser	*to interest*	s'intéresser à	*to take an interest in* (*to interest oneself in*)
étendre	*to spread*	s'étendre	*to stretch out*
heurter	*to strike*	se heurter à	*to bump into*
taire	*to hush up*	se taire	*to keep silent*
approcher	*to approach*	s'approcher de	*to approach*
établir	*to set, establish*	s'établir	*to settle*

In still other cases, however, there is a considerable difference in meaning between the two verbs:

mettre	*to put*	se mettre à	*to begin*
comporter	*to include*	se comporter	*to behave*

Sometimes the reflexive verb is used in French where English would prefer a passive construction:

> **Il s'est fait...**   *That was done* (*established*) . . .

✿ *Vers la composition libre*

Compositions guidées

1. Décrivez l'atmosphère du camp au mois de mai.

   MOTS CLEFS   printemps / fleurs / herbe / bain de soleil / prisonniers / os / peau / dégoût

2. Faites le portrait de Legrain.

   MOTS CLEFS   jeune / visage / comportement / maturité / rougir / travailler / centrale / métier / station

Compositions libres

1. Quelle est l'attitude de Legrain pendant la journée qui suit la mort d'Armel ? Que fait-il ?
2. Quelle est l'attitude de Legrain la nuit ? Dans quelle position se trouve-t-il ?

le côteau *slope, small hill*   **passer** à   tourner à

oser *to dare*
la pommette *cheek*   **enflammé** *on fire, hot*
la loi *law*
la pensée *thought*
publier *to publish*   **inconnu** *unknown, anonymous*
élever construire, bâtir   **à leur œuvre** pour célébrer leurs efforts

QUATRIÈME LEÇON

8   Legrain et Gerbier étaient assis dans l'herbe. Le vent des côteaux passait à la fraîcheur. Le soir venait ; Gerbier parlait au jeune homme des journaux de la Résistance.

    — Et les gens qui les font osent écrire ce qu'ils pensent ? demanda Legrain, les pommettes enflammées. 5

    — Ils peuvent tout oser, ils n'ont pas d'autre loi, pas d'autre maître que leur pensée, dit Gerbier. Cette pensée est plus forte en eux que la vie. Les hommes qui publient ces feuilles sont inconnus, mais un jour on élèvera des monuments à leur œuvre. Celui-ci qui trouve le papier risque la mort. Ceux qui composent les 10 pages risquent la mort. Ceux qui écrivent les articles risquent la

rien n'y fait   ici, rien ne les arrête   **étouffer**   *to stifle, smother*
   la Ronéo   *duplicating machine*
caché   *hidden*   **qui =** le cri   **tapi**   caché
la cave   *cellar*   **avoir la mine**   ressembler à

au grand jour   *in broad daylight*

mal venues = mal faites   **imprimé**   *printed*   **tapé**   *typed*
   à la diable   en vitesse et sans grand soin
terne   *dull*   **maigre**   ici, petit
baver   *here, to run*   **on fabrique**   ici, on imprime les journaux

sous la main   *at hand*   **paraître**   ici, être publié

souterrain   *underground*   **rassembler**   *to put together*   **agencer**   *to do the layout; to edit*
l'équipe *f*   *team*   **furtif, furtive**   ici, clandestin   **mettre en
page**   *to set in type, make up*
le mouchard   *stool pigeon*   **l'espion** *m*   *spy*   **le dénonciateur**
informer   **s'agiter**   *to be active*
fouiner, flairer   *to nose around*
il n'a pas bel aspect = il n'est pas joli   **gonfler**   *to swell*   **usé**
worn out
craquant   prêt à s'ouvrir   **disjoint**   *coming apart at the seams*
le rayon   *ray, beam*

il y en a en masse = il y en a beaucoup

tirer   ici, imprimer   **par dizaines de mille**   *by tens of thousands*

étroitement   *tightly*   **rendre**   *to give off*   **la chaleur**   *heat*
amasser   accumuler   **brûler**   ici, irriter   **les reins** *m*   ici, le dos
les ténèbres *f*   obscurité   **le compagnon de captivité**   *fellow
prisoner*
se tourner et se retourner   *to toss and turn*   **rien n'importe**
nothing matters

mort. Et ceux qui transportent les journaux risquent la mort. Rien n'y fait. Rien ne peut étouffer le cri qui sort des Ronéo, cachées dans de pauvres chambres, qui monte des presses, tapies au fond des caves. Ne crois pas que ces journaux ont la mine de ceux que l'on vend au grand jour. Ce sont de petits carrés de pa- 5 pier, misérables. Des feuilles mal venues, imprimées ou tapées à la diable. Les caractères sont ternes. Les titres maigres. L'encre bave souvent. On fabrique comme on peut. Une semaine dans une ville et une semaine dans une autre. On prend ce qu'on a sous la main. Mais le journal paraît. Les articles suivent des routes 10 souterraines. Quelqu'un les rassemble, quelqu'un les agence en secret. Des équipes furtives mettent en page. Les policiers, les mouchards, les espions, les dénonciateurs s'agitent, cherchent, fouinent, flairent. Le journal part sur les chemins de France. Il n'est pas grand, il n'a pas bel aspect. Il gonfle des valises usées, 15 craquantes, disjointes. Mais chacune de ses lignes est comme un rayon d'or. Un rayon de la pensée libre.

— Mon père était typographe... alors je me rends compte, dit Legrain. Il ne doit pas y en avoir beaucoup de ces journaux.

— Il y en a en masse, dit Gerbier. Chaque mouvement im- 20 portant de la Résistance a le sien et qu'on tire par dizaines de mille. Et puis il y a ceux des groupes isolés. Et ceux des provinces. Et les médecins ont le leur, et les musiciens, et les étudiants, et les instituteurs, et les universitaires, et les peintres, et les écrivains, et les ingénieurs.   25

9   C'était surtout la nuit que Gerbier avait le temps de parler.

Leur petite baraque, étroitement fermée, rendait la chaleur amassée pendant tout le long du jour. Les paillasses brûlaient les reins. Et les ténèbres étaient suffocantes. Les compagnons de cap- tivité se tournaient et se retournaient dans leur sommeil. Mais rien 5

la poitrine   *chest*
dissimuler   cacher   **le hameau**   petit village

secret, secrète   ici, clandestin   **la ruse**   stratagème

chiffré   *coded*

se glisser   voyager en secret   **peindre**   ici, décrire
enfoui   caché sous terre

le toit   *roof*
se tenir tranquille   rester sans rien faire
la sagesse   *wisdom*   conseiller   *to advise*

fructifier   *to thrive*
les biens *m*   *goods*   la tendresse étroite   *here, close togetherness*
apaiser   *to calm*
bercer   *to lull*
rien que   *nothing but*   l'âme *f*   *soul, spirit*
l'homme illégal *m*   *outlaw*

il en a tant = il a tant de fausses identités   **la feuille d'alimenta-**
tion   *ration card*

n'importait à Legrain, pas même le sifflement précipité de ses poumons qui parfois, et sans qu'il s'en aperçût, le forçait à comprimer sa poitrine des deux mains. Et Gerbier disait comment des postes de radio dissimulés dans les villes ou dans les hameaux permettaient de parler chaque jour avec les amis du monde libre. 5 Il racontait le travail des opérateurs secrets, leur ruse, leur patience, leurs risques et la musique merveilleuse que font les messages chiffrés. Il montrait le réseau immense d'écoute et de surveillance qui enveloppait l'ennemi, comptait ses régiments, étudiait ses défenses, pénétrait ses documents. Et Gerbier disait aussi 10 qu'en toute saison, à toute heure, des agents de liaison couraient, cheminaient, se glissaient à travers la France entière. Et il peignait cette France souterraine, cette France de dépôts d'armes enfouis, de postes de commandement allant de refuge en refuge, de chefs inconnus, d'hommes et de femmes qui changeaient sans cesse de 15 nom, d'aspect, de toit et de visage.

— Ces gens, disait Gerbier, auraient pu se tenir tranquilles. Rien ne les forçait à l'action. La sagesse, le bon sens leur conseillait de manger et de dormir à l'ombre des baïonnettes allemandes et de voir fructifier leurs affaires, sourire leurs femmes, grandir 20 leurs enfants. Les biens matériels et les biens de la tendresse étroite leur étaient ainsi assurés. Ils avaient même pour apaiser et bercer leur conscience, la bénédiction du vieillard de Vichy.[1] Vraiment, rien ne les forçait au combat, rien que leur âme libre.

— Sais-tu, disait Gerbier, de quoi est faite la vie de l'homme 25 illégal ? de l'homme de la Résistance ? Il n'a plus d'identité, ou il en a tant qu'il en a oublié la sienne. Il n'a pas de feuille

---

[1] **le vieillard de Vichy** *a reference to Marshal Pétain, the head of the French state with headquarters in Vichy, during the German Occupation.*

la soupente   *garret*   la fille publique   prostituée
la dalle   *paving stone*   la grange   *barn*
la banquette   *bench*   les siens = sa famille
arriver   *to occur, happen*
pousser   *to grow up*   au hasard   *without care*

fusillé   *shot (down)*   le gîte   *refuge*
sans feu ni lieu   *without hearth or home*   traqué   *followed, hunted*
    obscur   ici, inconnu

la foi   *faith*
enchaîné   *bound in chains*   le complice   *accomplice*
l'usine *f*   *factory*   le faubourg   *suburb*
le cheminot   *railroad worker*   le contrebandier   *smuggler*
le prêtre   *priest*
partager   *to share*
le droit   *right*
la moisson   *harvest*

le grabat   paillasse   enflammé   ici, très chaud
étouffant   *stifling*
sans nombre   *countless*
la patrie   *country, fatherland*   plus belle que ne le fût jamais
    patrie sur la terre   *more beautiful than any country that ever existed*
    on this earth

d'alimentation.[2] Il ne peut même plus se nourrir à mi-faim. Il
dort dans une soupente, ou chez une fille publique, ou bien sur
les dalles d'une boutique, ou dans une grange abandonnée, ou
sur une banquette de gare. Il ne peut plus revoir les siens que la
police surveille. Si sa femme — ce qui arrive souvent — est aussi   5
dans la Résistance, ses enfants poussent au hasard. La menace
d'être pris double son ombre. Chaque jour des camarades dis-
paraissent, torturés, fusillés. Il va de gîte précaire en gîte précaire,
sans feu ni lieu, traqué, obscur, fantôme de lui-même.

Et Gerbier disait encore :   10

— Mais il n'est jamais seul. Il sent autour de lui la foi et la
tendresse de tout un peuple enchaîné. Il trouve des complices, il
trouve des amis dans les champs et à l'usine, dans les faubourgs et
dans les châteaux, chez les gendarmes, les cheminots, les contre-
bandiers, les marchands et les prêtres. Chez les vieux notaires[3]   15
et chez les jeunes filles. Le plus pauvre partage sa maigre ration de pain avec lui. Lui qui n'a même pas le droit d'entrer chez
un boulanger, parce qu'il lutte pour toutes les moissons de la
France.

Ainsi parlait Gerbier. Et Legrain, sur son grabat enflammé,   20
dans l'obscurité étouffante, découvrait un pays tout neuf et enchanté, peuplé de combattants sans nombre et sans armes, une
patrie d'amis sacrés, plus belle que ne le fût jamais patrie sur la
terre. La Résistance était cette patrie.

---

[2] **la feuille d'alimentation** *During the Occupation, food could be pur-
chased only with a ration card. To obtain these cards which were issued by
authorities under German control, applicants were required to furnish proof
of residence.*

[3] **le notaire** *a professional man with legal training who handles financial
matters.*

ravagé   ici, tourmenté

sans bornes   sans limites

l'état major *m*   *staff*   un mouvement   ici, un groupe de la Résistance

aucune preuve   *no proof*

oser   *to dare*

hausser les épaules   *to shrug one's shoulders*

le temps qu'il leur plaira = aussi longtemps qu'ils voudront

le sol   *ground*

étouffé   *muffled*

ajouter   *to add*

raconter   *dire*

se quitter   *to leave one another*

le fournisseur   *supplier*   faire le tour   *to go around*

atteindre   *to reach*   le but   *goal*

le récit   *story*

enivrer   *to inebriate*

10   Un matin, en allant à son travail, Legrain demanda soudain :

— Monsieur Gerbier, vous êtes un chef dans la Résistance ?

Gerbier considéra avec une attention presque cruelle le jeune visage brûlant et ravagé de Legrain. Il y vit une loyauté et une 5 dévotion sans bornes.

— J'étais dans l'état-major d'un mouvement, dit-il. Personne ici ne le sait. Je venais de Paris ; on m'a arrêté à Toulouse, sur une dénonciation, je pense. Mais aucune preuve. Ils n'ont même pas osé me juger. Alors il m'ont envoyé ici. 10

— Pour combien de temps ? demanda Legrain.

Gerbier haussa les épaules et sourit.

— Le temps qu'il leur plaira, voyons, dit-il. Tu le sais mieux que personne.

Legrain s'arrêta et regarda fixement le sol. Puis il dit d'une 15 voix étouffée mais très ferme :

— Monsieur Gerbier, il faut que vous partiez d'ici.

Legrain fit une pause, releva la tête et ajouta :

— On a besoin de vous dehors.

Comme Gerbier ne répondait pas, Legrain reprit : 20

— J'ai une idée... et je l'ai depuis longtemps... Je vous la raconterai ce soir.

Ils se quittèrent. Gerbier acheta des cigarettes au gardien qui lui servait de fournisseur. Il fit le tour du plateau. Il avait son sourire habituel. Il atteignait pourtant au but qu'il avait pour- 25 suivi à travers les récits et les images dont il avait patiemment enivré Legrain.

🎏 *Questions orales*

SCÈNE 8

1. Où Gerbier et Legrain étaient-ils ?
2. De quoi Gerbier parlait-il ?
3. Quelles choses les gens de la Résistance écrivent-ils ?
4. A quelle loi les hommes de la Résistance obéissent-ils ?
5. L'œuvre des hommes de la Résistance restera-t-elle inconnue ?
6. Quelles personnes risquent la mort ?
7. A quoi ressemblent les journaux de la Résistance ?
8. Dans quelles conditions ces journaux sont-ils publiés ?
9. Où les imprime-t-on ?
10. Comment ces journaux sont-ils distribués ?
11. Qu'est-ce que les policiers cherchent ?
12. A qui les journaux sont-ils distribués ?
13. Comment sont-ils transportés ?
14. Qu'apportent-ils aux personnes qui les lisent ?
15. Quel était le métier du père de Legrain ?
16. Y a-t-il beaucoup de journaux clandestins ?
17. Qui publie ces journaux ?
18. Quelles personnes participent à la Résistance ?

SCÈNE 9

19. Quand Gerbier trouve-t-il l'occasion de parler ?
20. Pourquoi les compagnons de captivité se retournent-ils dans leur sommeil ?
21. Pourquoi Legrain se comprime-t-il la poitrine des deux mains ?
22. A quoi servent les postes de radio dissimulés dans les villages ?
23. Que font les opérateurs secrets ?
24. Que font les agents de liaison ?
25. Quelles précautions prennent les hommes et les femmes de la Résistance ?
26. Est-ce que les hommes de la Résistance se tiennent tranquilles ?
27. Que leur conseille la sagesse ?

28. Qui est-ce qui force l'homme de la Résistance au combat ?
29. Pourquoi ne peut-il se nourrir à sa faim ?
30. Pourquoi ne revoit-il plus sa famille ?
31. Pourquoi n'est-il jamais seul ?
32. Où trouve-t-il des amis ?
33. Quelle découverte fait Legrain ?
34. Quelle est la nouvelle patrie de Legrain ?
35. En quoi consiste-t-elle ?

SCÈNE 10

36. Quelle question Legrain a-t-il posé un matin à Gerbier ?
37. Qu'est-ce que Gerbier a lu sur le visage de Legrain ?
38. Quel rôle Gerbier avait-il dans la Résistance ?
39. Dans quelles circonstances Gerbier a-t-il été arrêté ?
40. Pourquoi Gerbier n'a-t-il pas été jugé ?
41. Pour combien de temps a-t-il pensé être emprisonné ?
42. Pourquoi Legrain a-t-il cru que Gerbier devait partir ?
43. Qui avait besoin de Gerbier ?
44. Que fit Gerbier après avoir quitté Legrain ?
45. De quoi Gerbier avait-il enivré Legrain ?

❦ *Vers la lecture libre*

Negation

In French, simple negation is expressed by **ne... pas**:

> *Il* n'*est* pas *grand, il* n'*a* pas *bel aspect.*

In compound tenses, **ne** precedes the auxiliary (**être** or **avoir**), and **pas** precedes (rather than follows) the past participle:

> *Ils* n'*ont même* pas *osé me juger.*

Other negative expressions that occur in the text are **ne**... **jamais** (*never*):

il n'*est* jamais *seul.*

and **ne**... **plus** (*no longer, no more*):

Il n'*a* plus *d'identité...*
Il ne *peut* plus *revoir les siens...*

The negative pronouns **rien** (*nothing*) and **personne** (*no one*) also require **ne** before the verb:

Rien n'*y fait.*
Rien ne *peut étouffer le cri qui sort des Ronéo...*
rien n'*importait à Legrain...*
Rien ne *les forçait à l'action.*
Personne *ici* ne *le sait.*

Pronouns

The relative pronoun **qui** represents persons or things and is used as the subject of the relative clause:

les gens qui *les font...*
le cri qui *sort des Ronéo...*

The relative pronoun **que** also represents persons or things; it appears as the direct object of the relative clause:

Il ne *peut* plus *revoir les siens* que *la police surveille.*

Celui qui, celle qui, ceux qui, are the French equivalents of *he who, she who, those who:*

Ceux qui *composent les pages risquent la mort.*

If the antecedent of the relative pronoun is an idea, concept, or indefinite pronoun, French uses **ce qui** as the subject and **ce que** as the object:

On prend ce qu'*on a sous la main.*
ce qui *arrive souvent...*

The most common indefinite pronoun in French is **on**. It corresponds to the English *one, they, people:*

> **On** *fabrique comme* **on** *peut.*

On is frequently used where English would prefer a passive construction:

> *un jour* **on** *élèvera des monuments à leur œuvre.*

In conversational style, **on** may assume the meaning of **nous:**

> **On** *fait un petit détour...*   (Scene 1)

Quelqu'un, another invariable pronoun, means *someone:*

> **Quelqu'un** *les rassemble,* **quelqu'un** *les agence en secret.*

Chacun (feminine: **chacune**) means *each* or *each one:*

> **chacune** *de ses lignes est comme un rayon d'or.*

Vers la composition libre

Compositions guidées

1. Décrivez les dangers courus par les membres de la Résistance.

   MOTS CLEFS   mort / arrestation / camp / agents / policiers / chercher / surveiller / menacer / disparaître / camarades

2. Pourquoi les membres de la Résistance risquent-ils ces dangers ?

   MOTS CLEFS   patrie / amis / foi / tendresse / lutter / âme / liberté

Compositions libres

1. Racontez la journée d'un agent de la Résistance.
2. Racontez l'arrestation d'un homme de la Résistance.

chuchoter   *to whisper*
assuré   sûr

se recueillir   *to collect one's thoughts*
empêcher de   *to prevent from*   s'évader   *to escape*
les barbelés *m*   *barbed-wire fences*
le niveau   *level*   l'endroit *m*   *spot, place*
mince   *thin*   se couler   *to slide*
se déchirer   *to get scratched*

voilà pour   *that's all for*   reste les... = reste le problème des...

CINQUIÈME LEÇON

11 — Je vais vous dire mon idée, chuchota Legrain, lorsqu'il fut assuré que le colonel, le voyageur de commerce et le pharmacien dormaient profondément.

Legrain se recueillit et chercha ses mots. Puis il dit :

— Qu'est-ce qui empêche de s'évader ? Il y a deux choses : ⁵ les barbelés et les patrouilles. Pour les barbelés, le sol n'est pas au même niveau partout, et il y a des endroits où un homme mince comme vous l'êtes, Monsieur Gerbier, peut se couler par-dessous, en se déchirant un peu.

— Je connais tous ces endroits, dit Gerbier.   10

— Voilà pour les barbelés, dit Legrain. Reste les patrouilles.

se perdre   ici, disparaître

faire en sorte que   *to manage so that*
aveugle   *blind*
paisiblement   calmement
arranger   préparer   à l'avance   *ahead of time*   la panne de
  courant   *power failure*

toucher un mot = dire un mot

la chose   ici, l'offre
s'appuyer sur   *to lean on*   le coude   *elbow*
discerner   ici, voir

se demander   *to wonder*   le moyen   *means*
profiter de   *to take advantage of*
la quinte de toux   *fit of coughing*

il n'a pas été d'avis   (*colloquial*) *he did not agree*

ça n'allait plus très fort   je n'allais plus très bien

Combien de minutes vous faut-il pour courir jusqu'au chemin de ronde, passer et vous perdre dans la nature ?

— Douze... Quinze au plus, dit Gerbier.

— Eh bien, je peux faire en sorte que les gardiens soient aveugles plus longtemps que ça, dit Legrain.

— Je le pense, dit paisiblement Gerbier. Il n'est pas difficile pour un électricien adroit d'arranger à l'avance une panne de courant.

— Vous y pensiez, murmura Legrain. Et vous ne m'en avez jamais touché un mot.

— J'aime commander ou accepter. Je ne sais pas demander, dit Gerbier. J'attendais que la chose vienne de toi.

Gerbier s'appuya sur un coude comme pour essayer de discerner à travers l'obscurité le visage de son compagnon. Et il dit :

— Je me suis demandé souvent pourquoi, ayant ce moyen à ta disposition, tu n'en as pas profité.

Legrain eut une quinte de toux avant de répondre.

— Dans le commencement, j'ai parlé de la chose avec Armel. Il n'a pas été d'avis. Il se résignait trop facilement peut-être. Mais dans un sens c'était vrai ce qu'il disait. Avec nos bourgerons et sans papiers, sans carte d'alimentation, on ne serait pas allés bien loin. Puis Armel est tombé malade. Je ne pouvais pas le laisser. Et moi-même ça n'allait plus trop fort. Pour vous c'est tout différent. Avec vos amis de la Résistance...

— J'ai déjà établi un contact par le gardien qui me vend des cigarettes, dit Gerbier.

Il ajouta sans transition :

— Dans une semaine, deux au plus tard, nous pouvons partir.

le cœur   *heart*   cogner   *here, to beat*
le flanc délabré   *here, consumptive chest*   le battement   *throbbing*
défaillant   *faltering*

appuyer sur   insister sur

entendu   ici, compris

on a besoin de vous   *you are needed*

avoir envie de   *to feel like*
allumer   *to light*   détester   *to hate*
le moindre   *the least, the slightest*   sur ses traits = sur son visage

la partie   *here, game*

le petit communiste = Legrain   avoir l'air   paraître, sembler
   réveillé   *here, animated*
se rendre à   aller à   chantonner   *to hum a tune*
assurer   ici, dire
plutôt   *rather*   s'habituer à   *to get used to*   soupirer   *to say*
   with a sigh
le pauvre gosse   *the poor kid*

le malheur   *misfortune*   attendrir   *to touch*
la bonhomie   *good nature*   veiller   *to look after*

Il y eut un silence. Et le cœur de Legrain cogna si fort dans son flanc délabré que Gerbier entendit ses battements. Le jeune homme demanda d'une voix défaillante :

— C'est bien *nous* que vous avez promis, Monsieur Gerbier ?

— Mais évidemment, dit Gerbier. Qu'est-ce que tu pensais donc ?

— Je croyais par instant que vous me prendriez avec vous. Mais je n'osais pas en être sûr, dit Legrain.

Gerbier demanda lentement et en appuyant sur chaque mot :

— Alors tu avais accepté l'idée de préparer mon évasion tout en restant ici ?

— La chose était entendue comme ça avec moi-même, dit Legrain.

— Et tu l'aurais faite ?

— On a besoin de vous, Monsieur Gerbier, dans la Résistance.

Depuis quelques minutes Gerbier avait très envie de fumer. Il attendit pourtant avant d'allumer une cigarette. Il détestait de laisser voir la moindre émotion sur ses traits.

12   En commençant sa partie de dominos, le colonel Jarret du Plessis fit cette remarque à ses compagnons :

— Le petit communiste a l'air tout réveillé. Chaque fois qu'il se rend à son travail il chantonne.

— C'est le printemps, assura le voyageur de commerce.

— C'est plutôt qu'on s'habitue à tout, soupira le pharmacien. Lui comme les autres, le pauvre gosse.

Les trois hommes n'avaient aucune hostilité contre Legrain. Au contraire. Son âge, son malheur, son état physique, attendrissaient leur bonhomie naturelle. Ils lui avaient proposé de veiller

le colis *package* la nourriture *food*

rendre *to pay back*
le procédé *here, service, gift* s'entêter s'obstiner sans appel
ici, final
sauvage *here, unsocial*

la tablette *bar*
familial ici, envoyé par la famille tendre *to hold out*

s'apprivoiser *to become sociable*

féliciter *to congratulate*
celle du ici, l'influence du

la gourmandise *gluttony; here, fondness for chocolate*
bientôt *soon*

bête stupide
se taire devenir silencieux au bout de après

être fâché contre *to be angry with*

comment cela va se passer *what's going to happen*

tour à tour sur Armel. Mais Legrain, jaloux de son ami, avait décliné leurs services. Quand ils recevaient par colis quelque nourriture de l'extérieur, ils voulaient toujours en donner une part à Legrain. Mais, sachant qu'il n'avait aucune chance de leur rendre ces bons procédés, Legrain s'était entêté dans un refus sans appel. 5
Peu à peu, à cause de ce comportement sauvage, les joueurs de dominos en étaient venus à oublier l'existence du jeune homme. Son changement d'attitude ramena l'attention sur lui. Un soir où le pharmacien tendait à ses voisins des tablettes de chocolat qu'il avait trouvées dans un paquet familial, Legrain tendit la main.   10

— Bravo ! s'écria le colonel Jarret du Plessis. Le petit communiste s'apprivoise.

Le colonel se tourna vers Gerbier et lui dit :

— C'est votre influence, Monsieur, et je vous en félicite.

— Je crois davantage à celle du chocolat, dit Gerbier.   15

Quelques heures plus tard, lorsqu'ils furent seuls à demeurer éveillés, Gerbier dit à Legrain :

— Tu choisis assez mal ton temps pour faire commenter ta gourmandise.

— J'ai pensé... j'ai pensé que je pourrais lui renvoyer bien- 20 tôt quelque chose, murmura le jeune homme.

— Ils ont pu avoir la même pensée. On ne doit jamais croire les gens plus bêtes que soi-même, dit Gerbier.

Ils se turent. Au bout de quelques instants Legrain demanda humblement :   25

— Vous êtes fâché contre moi, Monsieur Gerbier ?

— Mais non, c'est fini, dit Gerbier.

— Alors vous voulez bien me raconter comment cela va se passer après la panne de courant ? pria Legrain.

— Je t'ai déjà expliqué le détail hier et avant-hier, dit 30 Gerbier.

je n'arrive pas à　je ne peux pas

le dur　*tough guy*

mener = amener　**le presbytère**　*rectory*

faire connaître　*to introduce to*

— Si vous ne recommencez pas, dit Legrain, je ne peux pas y croire, et je n'arrive pas à dormir... Alors vraiment, il y aura une voiture ?

— Un gazogène,[1] dit Gerbier. Et je pense que c'est Guillaume qui conduira.

— L'ancien sergent de la Légion Étrangère[2] ? Le dur ? Celui qu'on appelle aussi le Bison ? chuchota Legrain.

— Il y aura des vêtements civils dans la voiture, continua Gerbier. Elle nous mènera dans un presbytère. Ensuite on verra.

— Et des amis de la Résistance nous donneront de faux papiers ? demanda Legrain.

— Et des tickets pour manger.

— Et vous me ferez connaître des communistes, Monsieur Gerbier ? Et je travaillerai avec eux pour la Résistance ?

— Je te le promets.

— Mais on se verra tout de même, vous et moi, Monsieur Gerbier ?

— Si tu es agent de liaison.

— C'est ce que je veux être, dit Legrain.

Et pendant les nuits qui suivirent, Legrain demanda chaque fois :

— Parlez moi de Guillaume le Bison, Monsieur Gerbier, et de tout, s'il vous plaît.

---

[1] le gazogène   *During the war, gasoline was not available in France. To provide a substitute fuel, vehicles were equipped with a device, the* gazogène, *that would generate gas from burning wood.*

[2] la Légion Étrangère   *The Foreign Legion was known for its toughness in combat.*

🏵 *Questions orales*

SCÈNE II

1. Quelle précaution Legrain prend-il avant de parler de son idée ?
2. Quels obstacles empêchent les prisonniers de s'évader ?
3. Pourquoi les barbelés ne sont-ils pas un obstacle réel ?
4. Combien de temps faut-il pour s'évader ?
5. Comment Legrain propose-t-il d'échapper aux patrouilles ?
6. Pourquoi peut-il faire en sorte que les gardiens soient aveugles ?
7. Est-ce que Gerbier avait eu la même idée que Legrain ?
8. Pourquoi Gerbier n'en avait-il pas parlé avant ?
9. A qui Legrain avait-il parlé de son projet avant ce soir-là ?
10. Est-ce qu'Armel avait accepté le projet de Legrain ?
11. Pourquoi Armel et Legrain ne seraient-ils pas allés loin ?
12. Qu'est-il arrivé à Armel ?
13. Pourquoi est-ce que le projet peut réussir avec Gerbier ?
14. Est-ce que Gerbier a l'intention de s'évader seul ?
15. Que propose-t-il à Legrain ?
16. Quelle est la réaction de Legrain ?
17. De quoi Legrain n'était-il pas sûr ?
18. Est-ce Legrain avait accepté l'idée de rester dans le camp ?
19. Pourquoi Legrain avait-il décidé d'aider Gerbier à s'échapper ?
20. Pourquoi Gerbier attend-il avant de fumer ?

SCÈNE 12

21. Que remarque le colonel ?
22. Comment le voyageur de commerce explique-t-il l'air éveillé de Legrain ?
23. Comment le pharmacien explique-t-il l'air éveillé de Legrain ?
24. Quelle est l'attitude des trois hommes envers Legrain ?
25. Quelle est la raison de leur attitude envers Legrain ?
26. Ont-ils eu l'occasion de veiller sur l'ami de Legrain ?
27. Pourquoi Legrain refuse-t-il d'ordinaire ce que les trois hommes veulent lui donner ?

28. Quel est le résultat du comportement habituel de Legrain ?
29. Quel effet produit son changement d'attitude ?
30. Cette fois est-ce que Legrain accepte le chocolat du pharmacien ?
31. De quoi le colonel félicite-t-il Gerbier ?
32. Pourquoi Gerbier se fâche-t-il contre Legrain ?
33. Pourquoi Legrain a-t-il accepté le chocolat du pharmacien ?
34. Quel conseil Gerbier donne-t-il à Legrain ?
35. Qu'arrivera-t-il après l'évasion de Legrain et de Gerbier ?
36. Qui est le Bison ?
37. Où iront les évadés ?
38. Qui rencontreront-ils ?
39. Quels sont les projets de Legrain ?
40. Dans quelle circonstance Legrain reverra-t-il Gerbier ?

 Vers la lecture libre

Colloquial French

Scenes 11 and 12 consist largely of direct conversation in colloquial French. Notice the following characteristics of interrogation and of the use of impersonal pronouns in spoken French.

(1) In French, the question is usually characterized by the use of **est-ce que** or by the inversion of subject and verb. However, a statement can be turned into a yes-no question simply by a change of intonation. In these scenes, Legrain forms most of his questions with only a rising intonation:

Et vous me ferez connaître des communistes, Monsieur Gerbier ?
Et je travaillerai avec eux pour la Résistance ?

Note that with impersonal constructions, inversion is required:

Combien de minutes vous faut-il...

(2) In familiar French style, heavy use is made of impersonal pronouns. **On** replaces **nous:**

> *on ne serait pas allés bien loin.*

Ça is used in sentences where written French would require a direct pronoun:

> **Et *moi-même ça n'allait plus trop fort.*** (Et moi-même, je n'allais plus trop bien.)

Ce frequently begins the sentence, even if such a practice necessitates an inversion of usual word order:

> *c'était vrai ce qu'il disait.* (ce qu'il disait était vrai.)

 Vers la composition libre

Compositions guidées

1. Pourquoi est-il difficile de s'échapper d'un camp de concentration ?

    MOTS CLEFS   gardien / appel / chemin de ronde / barbelés / surveiller / papiers / carte d'alimentation / bourgerons

2. Décrivez les détails d'un plan d'évasion.

    MOTS CLEFS   nuit / panne de courant / aveugle / courir / patrouille / barbelés / voiture / vêtements / papiers / tickets

Compositions libres

1. Écrivez une page du journal intime d'un prisonnier : ses occupations de la journée.
2. Décrivez et expliquez le changement d'attitude de Legrain.

la feuille *sheet*   **le papier pelure** *onionskin*   **les cabinets** *m* latrine

à l'ordinaire *usually*

déserter ici, quitter   **pincé** *here, hollow*

la tête me tourne *I am dizzy*   **le bonheur** happiness

13   Gerbier, ayant acheté des cigarettes, trouva à l'intérieur du paquet une feuille de papier pelure. Il alla aux cabinets, lut attentivement le message et le brûla. Puis il fit le tour des barbelés, comme il le faisait à l'ordinaire. A la fin de l'après-midi, il dit à Legrain :   5

— Tout est en ordre. Nous partons samedi.

— Dans quatre jours, balbutia Legrain.

Le sang déserta complètement ses joues pincées, puis revint en force, les abandonna de nouveau. Legrain s'appuya contre Gerbier en disant :   10

— Excusez-moi... la tête me tourne. C'est le bonheur.

aller   ici, tomber   constater   remarquer
éprouver   ici, fatiguer

l'arête de poisson *f*   *fish bone*

dominer = contrôler
reprendre des forces   *to recover one's strength*

le cachet   *pill*

de coutume   à l'ordinaire
le seuil   ici, la porte d'entrée

il tiendra   *he'll hold up, he'll make it*

secouer   *to shake*
convenu   *agreed upon*   ça me tourne le cœur   *that makes me sick*
    (*to my stomach*)

fourrer   mettre   la tranche   *slice* (*of bread*)
le geste   mouvement   mou   ici, faible   accablé   ici, fatigué
    hébété   ici, sans expression

Legrain se laissa aller doucement contre le sol. Gerbier cons-
tata que la dernière semaine avait terriblement éprouvé le jeune
homme. Sa figure était devenue petite et les yeux plus grands. Le
nez était mince comme une arête de poisson. On voyait beaucoup
plus la pomme d'Adam.   5

— Il faut te calmer, et dominer tes émotions, dit Gerbier,
avec sévérité, et, avant samedi, tu dois reprendre des forces. Il y
a tout de même cinq kilomètres à marcher. Tu prendras ma soupe
de midi, tu entends.

— Je le ferai, Monsieur Gerbier.   10

— Et tu ne dors pas assez. Tu iras demander demain des
cachets à l'infirmerie.

— J'irai, Monsieur Gerbier.

Legrain quitta la baraque plus tôt que de coutume et Gerbier l'accompagna jusqu'au seuil.   15

— Plus que trois nuits ici, et c'est la voiture du Bison, dit
Legrain.

Il partit en courant. Gerbier le suivait du regard et pensait :
« Il est jeune, il tiendra. »

Au repas de midi, Gerbier donna sa gamelle à Legrain. Mais 20
celui-ci secoua la tête.

— Je sais bien que c'était convenu, mais je ne peux pas, ça
me tourne le cœur, dit-il.

— Alors prends mon pain, dit Gerbier, tu le mangeras en
travaillant.   25

Legrain fourra la tranche noirâtre dans la poche de son
bourgeron. Son geste était mou, accablé, son visage hébété.

— Tu as l'air morose, remarqua Gerbier.

Legrain ne répondit pas et se dirigea vers la station électrique. Le soir il ne demanda pas à Gerbier de lui parler du Bison 30
et des autres merveilles.

la conduite   comportement, attitude
surveiller   to *watch*
sombrer dans le sommeil   s'endormir

absurde   ici, sans raison
traiter   ici, appeler
rudement   brusquement

qu'est-ce qui ne va point   *what's wrong*

prier   demander   la confiance   *confidence*
avoir les nerfs à bout   *to be on edge, nervous*   la parole   *word*
au point   prêt

et de ton côté   *and as far as you're concerned*

avoir mal à la tête   *to have a headache*
avoir le cœur en boule   *to have one's stomach in a knot*
se rapprocher   *to come closer*
impuissant   *powerless*

— Tu as pris ton cachet ? demanda Gerbier.

— Je l'ai pris. Je vais dormir vite, je pense, dit Legrain.

Le jeudi sa conduite fut encore plus singulière. Il ne déjeuna pas, et, en attendant la nuit, surveilla la partie de dominos au lieu de parler avec Gerbier. Il parut sombrer dans le sommeil d'un seul coup.

Le vendredi, Legrain eut une altercation absurde avec le pharmacien et le traita de sale bourgeois.[1] Gerbier ne dit rien sur le moment, mais, dans l'obscurité et le silence, il prit rudement le bras de Legrain qui déjà semblait dormir et demanda :

— Qu'est ce qui ne va point ?

— Mais... rien, Monsieur Gerbier, dit Legrain.

— Je te prie de répondre, dit Gerbier. Tu n'as plus confiance ? Les nerfs à bout ? Je te donne ma parole que pour ma part tout sera au point.

— Je le sais, Monsieur Gerbier.

— Et de ton côté ?

— Le travail sera propre, je peux vous l'assurer.

— Alors qu'est-ce qu'il y a ?

— Je ne sais pas, Monsieur Gerbier, vraiment... Mal à la tête. Le cœur en boule...

Les yeux de Gerbier se rapprochèrent comme lorsqu'il voulait percer le secret d'un visage. Mais ils étaient impuissants dans l'obscurité.

— Tu as dû prendre trop de cachets, dit enfin Gerbier.

— Sûrement, Monsieur Gerbier, dit Legrain.

— Ça ira mieux demain, reprit Gerbier, quand tu verras la voiture avec le Bison.

---

[1] **le sale bourgeois** *literally, dirty bourgeois. On principle, the Commu-nists, like Legrain, are opposed to the middle class and bourgeois ideals.*

se rappeler   *to remember, recall*
affreux, affreuse   *awful*   **la cruauté**   *cruelty*

au cours de   pendant
accoutumé   usuel

l'ouvrage *m*   travail   **le mécanisme d'horlogerie**   *clockwork*
déclencher   provoquer   **conçu**   *thought out, conceived*
l'adresse *f*   *skill, dexterity*   **consommé**   ici, supérieur
voulu   désiré
soyez tranquille   *don't worry*   **les ignorants**   *here, people without engineering skill*

brillant   *shiny*

— Le Bison, répéta Legrain.

Mais il n'alla pas plus avant.

Gerbier se rappela souvent par la suite l'inconsciente et affreuse cruauté de ce dialogue dans la nuit.

14   Dans la matinée de samedi, au cours de sa promenade accoutumée, Gerbier passa par la station électrique où... Legrain travaillait seul. Gerbier vit avec satisfaction que Legrain était calme.

— Tout est prêt, dit le jeune homme.   5

Gerbier examina l'ouvrage de Legrain. Le mécanisme d'horlogerie qui devait déclencher le court-circuit avait été conçu avec une intelligence et une adresse consommées. Le courant serait interrompu à l'heure voulue.

— Et soyez tranquille, assura Legrain, les ignorants du ser-   10
vice de nuit mettront quarante minutes pour le moins à réparer.

— Personne n'aurait mieux fait que toi. C'est comme si nous étions dehors, dit Gerbier.

— Merci, Monsieur Gerbier, murmura le jeune homme.

Il avait les yeux très brillants.   15

❀ *Questions orales*

SCÈNE 13

1. Où Gerbier trouve-t-il un message ?
2. Que faisait-il d'ordinaire ?
3. Quel était le message qu'il venait de lire ?
4. Quels signes de fatigue Legrain donne-t-il ?
5. Pourquoi doit-il reprendre ses forces ?
6. Pourquoi doit-il prendre des cachets ?
7. Est-ce que Legrain accepte la soupe de Gerbier ?
8. Quelle excuse donne-t-il pour son refus ?
9. Est-ce que Legrain a l'air heureux ?
10. Où va-t-il après le repas ?
11. Ce jeudi-là est-ce que Legrain se comporte comme les autres jours ?
12. Qu'y a-t-il de différent dans sa conduite ?
13. A-t-il l'habitude de traiter le pharmacien de sale bourgeois ?
14. Est-ce que Gerbier semble satisfait de l'attitude de Legrain ?
15. Qu-est-ce qui doit être au point ?
16. De quel travail Legrain parle-t-il ?
17. Est-ce que le plan d'évasion est prêt à être exécuté ?
18. Est-ce que Gerbier réussit à percer le secret de Legrain ?
19. Comment Gerbier explique-t-il la fatigue de Legrain ?
20. Est-ce que Legrain et Gerbier continuent à parler tard dans la nuit ?

SCÈNE 14

21. Que faisait d'habitude Gerbier au cours de la matinée ?
22. Avec qui Legrain travaillait-il à la station ?
23. Dans quelle humeur Legrain se trouvait-il ce matin-là ?
24. Est-ce que Legrain avait fini son ouvrage ?
25. A quoi devait servir le mécanisme d'horlogerie ?
26. Comment le courant devait-il être interrompu ?
27. Comment Gerbier a-t-il trouvé le travail de Legrain ?

28. Qu'est-ce que les gens du service de nuit auraient à réparer ?
29. Gerbier était-il satisfait du travail de Legrain ?
30. Pourquoi Gerbier a-t-il pensé que c'était comme s'il était dehors ?

 Vers la lecture libre

The present participle and the future tense

The present participle of regular and irregular verbs in French is formed by replacing the **-ons** of the first-person plural of the present indicative by the ending **-ant** (the only exceptions being **avoir/ayant; être/étant; savoir/sachant**).

The present participle is often introduced by **en**. It generally indicates simultaneity of action:

tu le mangeras en travaillant.   *you will eat it while working.*

Legrain s'appuya contre Gerbier en disant...
en attendant la nuit, [il] surveilla la partie de dominos...

En plus the present participle can also indicate the means by which an action was carried out:

Il partit en courant.

As in English, the present participle can be used as an adjective. It then agrees in number and gender with the noun it modifies:

Il avait les yeux très brillants.

The compound participle is formed with the present participle of the auxiliary verb plus the past participle. It occurs primarily in written French in cases where the spoken language would use a relative clause or a compound sentence:

Gerbier, ayant acheté des cigarettes, trouva à l'intérieur du paquet une feuille de papier pelure.   (Gerbier avait acheté des cigarettes et à l'intérieur il trouva...)

In the dialogue of Scene 13, Gerbier and Legrain frequently use the future tense:

> *tu prendras* (prendre)
> *je le ferai* (faire)
> *tu iras* (aller)
> *il tiendra* (tenir)
> *tout sera au point* (être)
> *tu verras la voiture* (voir)

The use of the future in French and English is similar with the following exception: in French the future appears in a subordinate clause introduced by an adverb such as **quand, lorsque, aussitôt que,** if the verb of the main clause is in the future.

> **Ça** ira *mieux demain quand tu* verras *la voiture...*

 *Vers la composition libre*

Compositions guidées

1. Faites le portrait physique de Legrain le mardi avant l'évasion.

   MOTS CLEFS   pâle / sang / joues / faible / appuyer / figure / yeux / nez / calmer / dormir / cachets / manger

2. Décrivez le rôle de Legrain dans le plan de l'évasion.

   MOTS CLEFS   minuit / panne de courant / court-circuit / déclencher / mécanisme d'horlogerie / prêt / travail

Compositions libres

1. Décrivez le comportement de Legrain les trois jours qui précèdent l'évasion.
2. Comment Gerbier interprète-il le comportement de Legrain ?

achever *finir*   la lueur *glimmer*
le crépuscule *twilight*   amonceler *here, to gather*
la ceinture *belt*

la ronce *bramble; here, barbed wire* (ronce métallique)

les feux *m*   ici, les lumières
l'outil *m* *tool*
l'atelier *m* *workshop*   faire sauter une serrure *to spring a lock*

15   Le colonel, le pharmacien et le voyageur de commerce
achevaient leur partie de dominos aux dernières lueurs du jour.
Le crépuscule amoncelait sur le plateau sa fumée grise. Mais une
ceinture de lumière dure et fixe emprisonnait le crépuscule à
l'intérieur du camp. Le chemin de ronde, entre les réseaux de ⁵
ronces métalliques, était violemment éclairé. Derrière cette ceinture et par contraste c'était déjà la nuit. Devant leur baraque,
Gerbier et Legrain regardaient en silence les feux sur les barbelés.
De temps en temps, Gerbier touchait au fond de sa poche l'outil
que Legrain avait rapporté de l'atelier pour faire sauter les ser- ¹⁰
rures. Un gardien en béret cria : « A l'appel ! »

tâtonner   *to grope in the dark*

s'espacer   ici, devenir moins fréquent
le voisin   *neighbor*   glisser au sommeil = s'endormir
le soupir   *sigh*
craindre   *to fear*
l'attente *f*   *waiting*
aménager   préparer   jouer   *here, to go off*   il restait une
   heure   *one hour was left*

crocheter une serrure   *to pick a lock*   le battant   *side (of a door)*
cerner   entourer
prévenir   *to alert, warn*
se tenir prêt   être prêt

le souffle   *breath*   la peine = la difficulté

l'empire *m*   *self-control*   fut sur le point d'élever = éleva presque
se maîtriser   se contrôler
le diapason   *here, tone*   l'entretien *m*   *here, talk*

avoir peur   *to be afraid*
gémir   *here, to complain*
la crainte   la peur

faire la route = marcher la distance nécessaire

Legrain et Gerbier rentrèrent. Le garde compta les habitants de la baraque et ferma les portes. Ce fut une fois de plus l'obscurité. Chacun retrouva sa paillasse en tâtonnant. Le colonel, le voyageur de commerce et le pharmacien échangèrent quelque temps des paroles qui s'espaçaient de plus en plus. Gerbier et 5 Legrain se taisaient. Leurs voisins glissèrent au sommeil avec les soupirs qui étaient familiers.

Gerbier était content du silence de Legrain. Il avait craint de sa part un excès d'agitation pour cette attente. Le mécanisme aménagé par Legrain devait jouer à minuit. Il restait environ une 10 heure. Gerbier fuma plusieurs cigarettes, puis alla jusqu'à la porte et crocheta la serrure sans faire de bruit. Il poussa un battant. Il vit la lumière brutale qui cernait le plateau. Gerbier revint à sa paillasse, et prévint.

— Tiens-toi prêt, Roger, il n'y en a plus pour longtemps.   15

Alors, une fois encore, Gerbier entendit les mouvements du cœur de Legrain.

— Monsieur Gerbier, murmura difficilement le jeune homme, il faut que je vous dise quelque chose.

Il reprit son souffle, avec peine.   20

— Je ne pars pas, dit-il.

Malgré tout l'empire qu'il avait sur lui-même, Gerbier fut sur le point d'élever la voix d'une façon imprudente. Mais il se maîtrisa et parla sur le diapason habituel de ces entretiens dans l'ombre.   25

— Tu as peur ? demanda-t-il très doucement.

— Oh ! Monsieur Gerbier, gémit Legrain.

Et Gerbier fut sûr que Legrain était inaccessible à la crainte. Aussi sûr que s'il avait pu voir son visage.

— Tu crois que tu es trop fatigué pour faire la route ? dit 30 Gerbier. Je te porterai s'il le faut.

l' = la route

bien malaisé = très difficile

la toiture   *roof*

le plancher   *floor*   sec, sèche   *dry*   il ne pouvait rien de
plus = il ne pouvait rien faire de plus

causer   parler   il ne m'a pas trouvé bonne mine = il a trouvé
que j'étais fatigué

ausculter   *to listen to one's chest (with a stethoscope)*

perdu   *here, destroyed by tuberculosis*   qui se prend   *here, which
is being consumed*   soupirer de   *to lament about*

l'espoir *m*   *hope*

arriver   *to happen*

sana = sanatorium   se consolider   *here, to build up one's health*

assommé   *here, stunned*

j'ai mis = cela m'a pris

dur   *tough, callous, insensitive*

agir   *to act*   enflammer   *to inflame, kindle passions*

sûr, sure   *reliable*

le calcul   préméditation   saisi   *seized, taken*

des moyens d'argent   *financial means*

à l'abri = protégé   soigné   *looked after, taken care of*   se retaper   *to get back into shape*   le temps qu'il faut   *no matter
how long it takes*

— Je l'aurais faite. Je l'aurais faite, même bien plus longue, dit Legrain.

Et Gerbier sentit que cela était vrai.

— Je vais vous expliquer, Monsieur Gerbier, seulement ne me parlez pas, dit Legrain. Il faut que je fasse vite, et c'est bien malaisé.

Les poumons de Legrain sifflèrent. Il toussa et reprit :

— Quand je suis allé chercher les cachets pour dormir comme vous me l'aviez commandé, j'ai vu le docteur. Il est gentil, le docteur. C'est un vieux qui comprend. Il nous a fait mettre ici avec Armel parce que ici au moins, il ne pleut pas à travers la toiture et le plancher reste sec. Il ne pouvait rien de plus. C'est pour vous dire qu'on peut causer avec lui. Il ne m'a pas trouvé bonne mine. Il m'a ausculté. Je n'ai pas tout bien compris de ce qu'il m'a raconté. Mais assez quand même pour savoir que j'ai un poumon perdu et l'autre qui se prend. Il a soupiré très fort de me voir toujours enfermé et sans espoir de sortir. Alors je lui ai demandé ce qui arriverait si j'étais dehors. Alors il m'a dit qu'avec deux années de sana je pouvais me consolider. Sans ça, je n'étais bon à rien. Je suis sorti de chez lui assommé. Vous m'avez vu... Je pensais tout le temps à ce que vous m'aviez raconté de la vie de la Résistance. J'ai mis jusqu'à ce matin à comprendre que je ne pouvais pas partir.

Gerbier se croyait très dur. Et il l'était. Il croyait ne jamais agir sans réflexion. Et cela était vrai. Il n'avait enflammé Legrain de ses récits que pour avoir un sûr complice. Pourtant ce fut sans réflexion, sans calcul, et saisi par une contraction inconnue, qu'il dit :

— Je ne vais pas te laisser. J'ai des moyens d'argent et j'en trouverai d'autres. Tu seras à l'abri, soigné. Tu te retaperas le temps qu'il faut.

le ticket   *here, ration coupon*   le copain   camarade

ma petite santé = ma santé à moi   encombrer   *here, to be a burden to*

se sentir   *to feel*

quand même   ici, après tout
tellement malheureux   *that unhappy*

la foi   *faith*
s'animer   *to become excited*   le ton   *tone*   farouche   *angry*
attendre   *to expect*

se dépêcher   *to hurry up*
la fin   *end*   vide   *empty*

la durée   *duration*
la fente   *here, opening*   les feux *m*   ici, les lumières
le fil   *thread*
sauter   *here, to go off*   les ténèbres *f*   *darkness*

s'apercevoir de   remarquer, découvrir
le rapprochement   *connection*

— Ce n'était pas pour ça que je partais, Monsieur Gerbier, dit la voix tranquille du jeune homme invisible. Je voulais être agent de liaison. Je ne veux pas prendre les tickets des copains pour ma petite santé. Je ne veux pas encombrer la Résistance. Vous m'avez trop bien montré ce qu'elle était.   5

Gerbier se sentit physiquement incapable de répondre. Et Legrain poursuivit :

— Mais quand même je suis bien content de la connaître, la Résistance. Je ne vais plus être tellement malheureux. Je comprends la vie et je l'aime. Je suis comme Armel, maintenant. J'ai 10 la foi.

Il s'anima un peu et d'un ton plus farouche :

— Mais ce n'est pas dans l'autre monde que j'attends la justice, Monsieur Gerbier. Dites aux amis ici et de l'autre côté de l'eau,[1] dites-leur qu'ils se dépêchent. Je voudrais avoir le temps de 15 voir la fin des hommes aux yeux vides.

Il se tut, et le silence qui suivit, ni l'un, ni l'autre n'en mesura la durée. Sans le savoir ils avaient tous les deux le regard fixé sur la fente de la porte par où l'on voyait briller les feux du chemin de ronde. Ils se levèrent en même temps parce que ce fil 20 lumineux sauta tout d'un coup. Les ténèbres de la liberté avaient rejoint les ténèbres prisonnières. Gerbier et Legrain étaient à la porte.

Contre toute prudence, contre tout bon sens, Gerbier parla encore :   25

— Ils s'apercevront du sabotage, ils verront que je me suis évadé. Ils feront le rapprochement. Ils penseront à toi.

— Qu'est ce qu'ils peuvent nous faire de plus ? murmura Legrain.

---

[1] **les amis... de l'autre côté de l'eau**   *les Américains, les Anglais, et les Français qui se trouvaient en Angleterre. « L'eau » signifie la Manche.*

utile   *useful*

chercher   *here, to get*

tortiller   *here, to make someone wait impatiently*

franchir le seuil   *to reach the door*

réfléchir   penser

être à la charge de   *to be a burden to*

glissa entre les battants   *slipped through the door*   piquer   ici, se
    diriger rapidement
le défaut des barbelés = *the spot where there was an opening*
compter   *to count*   le pas   *step*   le lieu   *spot*

soigneusement   *carefully*

mordre   *to bite*   la toile   *canvas*   étendu   *lying down*
    sage   ici, calme

Gerbier ne partait toujours pas.

— Au contraire, je vous serai utile, dit le jeune homme. On viendra me chercher pour réparer. Je sortirai si vite qu'ils ne verront pas votre paillasse vide et je les tortillerai une bonne demi-heure encore. Vous serez loin avec le Bison.   5

Gerbier franchit le seuil.

— Réfléchis une dernière fois, dit-il, presque suppliant.

— Je n'ai pas un caractère à être à la charge de personne, répondit Legrain. Ce n'est pas avec la Résistance que je commencerai.   10

Gerbier glissa entre les battants sans se retourner et piqua vers le défaut des barbelés. Il l'avait étudié cent fois et il avait compté cent fois ses pas jusqu'à ce lieu.

Legrain ferma soigneusement la porte, alla vers son grabat, mordit la toile de la paillasse et resta étendu, très sage.   15

❀ *Questions orales*

SCÈNE 15

1. Pendant quelle période de la journée l'action a-t-elle lieu ?
2. Que font le colonel et ses amis ?
3. Quelle partie du camp est éclairée ?
4. Quelle partie du camp est dans l'obscurité ?
5. Pourquoi Legrain a-t-il un outil avec lui ?
6. Où se trouvent Legrain et Gerbier quand le gardien crie « A l'appel » ?
7. Pourquoi chacun doit-il chercher sa paillasse en tâtonnant ?
8. Est-ce que le colonel et ses amis parlent longtemps ?
9. Est-ce que Legrain parle beaucoup ?
10. A quelle heure l'évasion doit-elle avoir lieu ?
11. Comment Gerbier ouvre-t-il la porte ?
12. Est-ce que l'attente doit être encore longue ?
13. Qu'est-ce que Legrain déclare à Gerbier ?
14. Est-ce que Gerbier élève la voix ?
15. Legrain a-t-il peur ?
16. Legrain est-il très fatigué ce soir-là ?
17. Qu'est-ce que Legrain pense du docteur ?
18. Comment le docteur a-t-il trouvé Legrain ?
19. Dans quelles conditions Legrain peut-il retrouver sa santé ?
20. Pourquoi Legrain ne peut-il pas partir ?
21. Pourquoi Gerbier a-t-il parlé de la Résistance à Legrain ?
22. Propose-t-il à Legrain de l'aider ?
23. Pourquoi Legrain refuse-t-il de partir ?
24. En quoi consiste la foi de Legrain ?
25. Quand est-ce que Gerbier et Legrain se lèvent ?
26. De quel sabotage Gerbier parle-t-il ?
27. Qu'est-ce que Legrain va faire pour aider Gerbier ?
28. Est-ce que Legrain décide finalement de partir ?
29. Où Gerbier se dirige-t-il ?
30. Est-ce que Gerbier s'évade du camp ?

❧ *Vers la lecture libre*

Narrative technique

In *L'Évasion* Kessel's emphasis on action is reflected in his narrative technique.

(1) Descriptive passages are few. Kessel points out only those features essential to the plot. For example, in the opening scene, he provides the background necessary to the first dialogue in six short sentences.

(2) Kessel writes in a concise and simple style. Sentences are usually composed of subject, verb, and complement. Subordinate clauses are rare and, when used, they are usually brief. Kessel retains the vocabulary of daily conversation.

(3) The events and dialogues are directly presented. All interpretation of the psychological development and the personalities of the main characters has been left to the reader.

(4) Although Kessel uses a third-person narrator (who "objectively" relates the story of a group of men in a concentration camp), it is evident that the entire action is seen through the eyes of Gerbier. Moreover, the reader is allowed to share the inner thoughts and feelings of only one person: Gerbier.

❧ *Vers la composition libre*

Exercice stylistique

1. Rewrite the section up to Legrain's avowal (from the beginning of paragraph three to *Je vais vous expliquer, Monsieur Gerbier...*) from the point of view of Legrain. Maintain a third-person narration.

Deuxième Partie

Sacha Guitry

Sacha Guitry (1885–1957), an energetic actor, playwright, and author of movie scenarios, continued in the theatrical tradition of his famous father, Lucien Guitry. The presentation of La Mort du comte d'Astrac demonstrates Guitry's familiarity with stage techniques, from the opening description of the scene, recalling the playwright's description of the stage setting, to the unexpected ending — the coup de théâtre.

allongé *reclining*   terminer finir   la lecture *reading*

le conte *short story*

replié *bent, pulled up*   soutenir supporter   sans doute pro-
    bablement

ses pieds étaient chaussés de   *on her feet she was wearing*

ibordé *trimmed*   le vair *a grey and white fur*   la soie *silk*

la lèvre *lip*

l'index *m index finger*   posé placé   d'avance *here, in an-
    ticipation*   le feuillet ici, la page

La Mort du comte d'Astrac

Le 25 mai 1877, entre neuf heures et dix heures du soir, Geneviève, allongée sur le divan de son boudoir, terminait la lecture d'un conte de Balzac.[1]

Ses jambes repliées soutenaient le volume trop lourd sans doute pour ses mains. Ses pieds étaient chaussés de mules blanches 5 ibordées de vair, et son peignoir, infiniment léger, était de soie rose. Le silence était absolu et elle était immobile. Mais ses lèvres parfois prenaient la forme des mots qui commencent par une voyelle et son index posé d'avance tout au haut du feuillet de

[1] **Balzac** *Honoré de Balzac, a French novelist of the nineteenth century; author of* La Comédie humaine.

trahir ici, indiquer   **la suite** ici, le reste   **passionnant** *thrilling, exciting*
entreprendre ici, commencer
d'autant plus... que   *all the more . . . because*
l'abat-jour *m*   *shade*   **le rayon** *ray, beam*

maintenu soutenu   **grandissant** *growing*

même *even*   **l'invraisemblance** *f*   *lack of realism*
le coup de sonnette   (*ringing of*) *the doorbell*   **faire faire quelque chose à quelqu'un**   *to make someone do something*

se dresser   *to sit up* (*or stand up*) *straight*   **elle venait de lire**   *she had just read*
d'elles-mêmes   *by themselves*   **tendre le cou**   *to stretch out one's neck*
fragile ici, délicat   **que fixait son regard** = que ses yeux regardaient fixement
le rêve *dream*   **le personnage** *character*
ne l'eût pas surprise   *would not have surprised her*
la pendule *clock*   **sonner** *to strike*   **la demie de neuf heures** = neuf heures et demie   **se jurer** se promettre (à soi-même)

la femme de chambre   (*chamber-*) *maid*

la carte de visite   *visiting card*

la communication   message

se trouver   être placé
le plus simplement du monde   de la façon la plus simple

droite trahissait sa hâte de connaître la suite du récit passionnant qu'elle avait entrepris.

La lumière de la lampe posée près d'elle était d'autant plus violente qu'un abat-jour en concentrait les rayons sur les pages blanches du livre ouvert où déjà l'attention de Geneviève était 5 maintenue par l'intérêt grandissant d'une de ces histoires impossibles — mais tellement impossibles et si belles qu'on finit par douter même de leur invraisemblance.

Un coup de sonnette lui fit soudain lever la tête. Elle n'attendait personne et ce coup de sonnette avait été brusque, violent, 10 impératif. Elle s'était dressée, les deux dernières pages qu'elle venait de lire s'étaient refermées d'elles-mêmes et elle tendait maintenant son cou fragile vers la porte que fixait son regard. Elle semblait sortir d'un rêve et l'entrée d'un des personnages du conte qu'elle lisait, sûrement, ne l'eût pas surprise. 15

La pendule sonna la demie de neuf heures. Geneviève se jura de ne pas l'oublier.

Quelques instants plus tard, sa femme de chambre lui présentait une carte de visite :

PRINCE NICOLAS TOURGUENINE
Odessa[2]

Elle n'avait, pensait-elle, jamais entendu ni lu ce nom. 20

— Je ne connais pas ce monsieur, dit-elle, que veut-il ?

— Ce monsieur dit qu'il n'a pas, en effet, l'honneur de connaître Madame, mais qu'il a une communication de la plus grande urgence à lui faire.

— Prenez le revolver qui se trouve dans ma table de nuit... 25 et posez-le là, près de moi, dit alors Geneviève le plus simplement du monde.

[2] **Odessa** *a Ukrainian city situated on the Black Sea.*

ce que lui ordonnait sa maîtresse = ce que sa maîtresse lui ordonnait

dissimuler   cacher   **l'applique** ƒ   candélabre (ou lampe) fixé sur
un mur   **la cheminée**   *mantelpiece*

faire entrer   *to show in*

qui devait avoir trente ans   qui avait probablement trente ans
roux, rousse   *redhaired*
la taille   *size*   **moyen, moyenne**   *average*   **râblé**   *broad,
muscular*

frapper   *to strike*

douloureux, douloureuse   *sorrowful*

le front   *forehead*   **remplir**   *here, to fulfill*   **pénible**   *painful*

fort peu de   presque pas de

songer   penser   **deviner**   *to guess*

l'angoisse ƒ   *distress*

faire la connaissance de quelqu'un   *to meet someone, make the acquaintance of someone*

vif, vive   ici, fort   **l'esprit** *m*   *mind, soul*
faire que   *to result in the fact that*
être contraint   être obligé

un autre = une autre personne

La femme de chambre, en tremblant un peu, fit ce que lui ordonnait sa maîtresse. Geneviève posa son livre sur le revolver afin de le dissimuler, puis elle fit allumer les deux appliques de la cheminée et dit enfin :

— Faites entrer ce monsieur.   5

Un homme entra, qui devait avoir trente ans. Il était roux, sans grande distinction, de taille moyenne mais râblée. Elle ne vit pas très bien son visage d'abord, mais, lorsque, sur son invitation, il s'assit en face d'elle, Geneviève fut tout à coup frappée par l'expression douloureuse et triste et grave de cet homme.   10

— Madame, dit-il après avoir passé une main nerveuse sur son front, je viens remplir une mission pénible... la plus pénible de toutes...

Sa voix était douce et il avait fort peu d'accent. Il regarda Geneviève fixement, songeant que peut-être elle allait deviner le   15 malheur qui la frappait. Mais, avec cette froideur derrière laquelle souvent les femmes dissimulent leur angoisse, elle dit seulement :

— J'écoute.

Ce calme n'était pas pour lui donner courage. Pourtant, il continua :   20

— Au début du mois de février, je fis à Pétersbourg[3] la connaissance du comte d'Astrac. J'avais été attiré à lui par une sympathie très vive. Le charme de son esprit, sa bonté, sa grâce si française et la volonté que j'avais de lui plaire firent que bientôt nous fûmes des amis. Je suis contraint maintenant de vous   25 donner, Madame, des détails intimes sur ma vie, car vous devez les connaître, et je ne voudrais pas qu'ils vous fussent donnés par un autre que par moi-même. Je suis marié depuis cinq ans, et j'ai une petite fille. A l'époque où je fis la connaissance du comte

[3] **Pétersbourg**   *St. Petersburg, the capital of Russia at the time of the story. After the Communist Revolution, the city was renamed Leningrad.*

vilain   ici, mauvais

l'aventurière *f   intriguing woman*   être épris de   *to be in love*
      with
confier   *here, to tell in confidence*
adjurer   demander avec insistance   rompre   *to break (up)*
l'union *f* = la liaison   atteindre   *to reach*
le but   goal

la fourberie   *deceit*

laisser traîner   *to leave around*   volontairement   *on purpose*

se faire annoncer   *here, to present oneself*

du seuil de la porte* = de la porte   le seuil   *threshold*

tendre   donner

s'avancer   *to step forward*

sans que tressaillît un muscle de son visage   *without a muscle of her
      face trembling*

il laissa tomber ces mots   ici, il dit

tellement vous m'avez intéressée   *so much did your story interest me*

j'ai sous-loué à Mme d'Astrac son appartement   j'ai sous-loué l'ap-
      partement de Mme d'Astrac   sous-louer   *to sublet*

d'Astrac, j'étais sur le point de commettre une vilaine action. J'allais abandonner ma femme et mon enfant pour suivre la princesse de Blenheim, sorte d'aventurière dont, hélas, je m'étais épris. Le comte d'Astrac, à qui j'avais confié la chose... vous allez le reconnaître là, Madame... le comte d'Astrac m'adjura de rompre 5 cette union qui me déshonorait... Il fit tout au monde pour atteindre ce but... et il l'atteignit. Le 17 mai... je n'oublierai jamais cette date... j'écrivis à la princesse de Blenheim que je partais le lendemain pour la France. J'avais pris, me semblait-il, toutes les précautions, connaissant l'indiscrète jalousie du prince... Mais, 10 hélas ! je n'avais pas compté avec la fourberie, la cruauté de cette femme !... Elle laissa traîner volontairement ma lettre... et le soir même, vers dix heures, chez moi, le prince de Blenheim se fit annoncer... Il entra... Je ne l'avais jamais vu... Du seuil de la porte, il me tendit ma lettre et sa carte. Ma femme était présente. 15 Je n'eus le temps, madame, ni de dire un mot, ni de faire un geste... Le comte d'Astrac s'était avancé et il avait tendu sa carte au prince de Blenheim en disant : « Monsieur, je suis l'auteur de cette lettre ! »... Il venait de sauver mon honneur...

Geneviève, impassible, écoutait sans que tressaillît un muscle 20 de son visage.

Son interlocuteur, alors, se leva et laissa tomber ces mots :

— Madame, le comte d'Astrac, votre mari, est mort en duel le 21 mai 1877 !

Geneviève lui répondit :   25

— Monsieur, je n'ai pas pu vous interrompre tellement vous m'avez intéressée, mais je dois vous dire que j'ai sous-loué à Mme d'Astrac son appartement et qu'elle habite maintenant 27, quai Voltaire[4] !...

---

[4] quai Voltaire   *the name of a Paris street which runs along the Seine River.*

✿ *Questions orales*

1. A quelle époque se passe le récit ?
2. Que fait Geneviève ce soir-là ?
3. Comment Geneviève trouve-t-elle sa lecture ?
4. Comment se manifeste l'intérêt de Geneviève pour sa lecture ?
5. Est-ce que l'histoire qu'elle lit est une histoire vraie ?
6. Pourquoi lève-t-elle la tête ?
7. Attend-elle quelqu'un ce soir-là ?
8. Interrompt-elle sa lecture ?
9. A quelle heure le visiteur arrive-t-il ?
10. D'où vient le visiteur ?
11. Est-ce que Geneviève a déjà fait la connaissance du prince ?
12. Pourquoi le prince veut-il voir Geneviève ?
13. Quelle précaution Geneviève prend-elle avant de recevoir le prince ?
14. Où Geneviève cache-t-elle son revolver ?
15. Quels sentiments Geneviève lit-elle sur le visage du prince ?
16. Quelle attitude Geneviève prend-elle ?
17. Est-ce que le prince est calme ?
18. Quels sont les sentiments du prince pour le comte d'Astrac ?
19. Où l'a-t-il rencontré ?
20. Quelle action le prince allait-il commettre alors ?
21. Quel but le comte d'Astrac veut-il atteindre ?
22. Pourquoi le prince écrit-il à la princesse de Blenheim ?
23. Comment se manifeste la cruauté de la princesse ?
24. Que fait le prince de Blenheim ?
25. Comment le comte d'Astrac sauve-t-il l'honneur du prince Tourguenine ?
26. Comment le comte est-il mort ?
27. Qui l'a tué ?
28. Pourquoi Geneviève a-t-elle laissé le prince faire son récit ?
29. Que dit-elle au prince ?
30. Pourquoi le prince a-t-il fait le récit à Geneviève ?

✥ *Vers la lecture libre*

Causative *faire*

In the construction consisting of **faire** plus an infinitive, the subject of **faire** causes an action to be performed by someone or something other than the subject. Note the word order in the French construction: **faire** is immediately followed by the infinitive (only the negative expression **pas,** certain brief adverbs, and object pronouns can come between the two verbs).

Un coup de sonnette lui fit soudain lever la tête.   *A ring made her suddenly raise her head.*

elle fit allumer les deux appliques de la cheminée...   *She had the two lights by the mantelpiece turned on.*

Faites entrer ce monsieur.   *Literally, have this man come in; show this man in.*

If the subject of **faire** is the object of the infinitive, a reflexive pronoun is used:

le prince de Blenheim se fit annoncer...   *Literally, the Prince of Blenheim had himself announced; the Prince of Blenheim had the butler announce his arrival.*

Divisions within a narrative

As a play is divided into an act and scenes, so a narrative is often divided into parts. However, the parts of a narrative are not usually indicated by the author (Kessel's *L'Évasion* is an exception in this sense); they must be discovered by the reader.

La Mort du comte d'Astrac can be divided into three parts:

(1) the setting (*la mise en scène*). In the first three paragraphs Guitry sets the scene of the story. He uses the complex sentences typical of descriptive passages in written French, and he stresses visual details in the setting.

(2) the development of the action (*le développement de l'action*). The scene is interrupted by the ring of the doorbell. After explaining Geneviève's state of mind, the author tells of the preparations for receiving the visitor, his arrival, and his tale. In his story, Prince Tourguenine uses the direct sentences that characterize the spoken language; his sentences grow shorter as he becomes more involved with his narration and finds it more difficult to select the right words.

(3) the denouement (*le dénouement*). The ending of this story is brief and direct. In the last two sentences the reader learns that Geneviève is not the person the Prince thought he was speaking to; the real Madame d'Astrac has moved to a different apartment. The abruptness of the ending intensifies its dramatic effect.

 Vers la composition libre

Compositions guidées

1. Décrivez le prince Tourguenine.

   MOTS CLEFS   trente ans / roux / taille / rablé / voix / distinction / triste / accent / malheur

2. Résumez le récit du prince.

   MOTS CLEFS   faire la connaissance / abandonner / rompre / écrire / partir / se faire annoncer / mourir

Exercices stylistiques

1. Décrivez la mise en scène du récit du prince Tourguenine.
2. Décrivez le dénouement du récit du prince Tourguenine.

Hugo de Haan

Hugo de Haan (1915–   ) was born in Rotterdam, The Netherlands. At twenty-one he enlisted in the Légion Étrangère; *after his demobilization he served in several journalistic capacities for the Allies in Algeria. Arriving in Paris in 1946, he began a career in advertising but recently has devoted much of his time to writing radio scripts. Amazingly prolific, he also has some fifty short stories to his credit, many of which have appeared in the weekly magazine* Jours de France.

The story Une Vieille Lampe à pétrole, *which first appeared in 1966, presents a Paris in which an old shopkeeper's extrasensory powers do not seem out of place.*

la lampe à pétrole   *oil lamp*

avoir de la chance   *to be lucky*

avoir l'air de   *to look as if*

adresser la parole à   parler à
autrement que   *other than*   fastidieux, fastidieuse   *dull, tiresome*

---

peu nous importe   *it does not really matter to us*
il nous intéresse seulement de = nous nous intéressons seulement à
à longueur de journée   pendant toute la journée

Une Vieille Lampe à pétrole

1   C'était un jeune homme qui n'avait pas de chance. C'était du moins l'impression qu'il donnait à ceux qui le connaissaient et qui étaient peu nombreux. D'abord, il était seul au monde. Il avait l'air de ne jamais avoir eu de parents et d'être venu sur terre, Dieu seul savait comment. Il n'avait pas d'ami non plus, ni homme, ni 5 femme. On ne l'avait jamais entendu adresser la parole à quelqu'un autrement que pour son travail qui était fort fastidieux en vérité. Il écrivait des adresses sur des enveloppes. Nous ne savons pas à qui étaient destinées ces enveloppes et peu nous importe. Il nous intéresse seulement de savoir que le jeune homme écrivait 10 des adresses à longueur de journée, qu'il écrivait vite, cinq cents

selon *according to*   certains = certaines personnes   la besogne travail
lasser fatiguer

la taille *size*   moyen, moyenne *average*   à première vue
  at first sight
quelconque ordinaire

le front *forehead*

ne... guère *hardly*   bouclé *curly*   sauf excepté

le hasard *chance*   son regard ses yeux

comme un choc une sorte de choc

incroyablement *unbelievably*   il y dansait comme une petite
  flamme claire = une sorte de flamme claire y dansait

baissé *lowered*

bien entendu = bien sûr

aperçu remarqué   c'est dire à quel point *that's to show how*

digne de *worthy of*

vif, vive ici, rapide   sautiller *to hop*

pressé *in a hurry*

la logeuse *landlady*

modeste ici, petit   le loyer *rent*

la mansarde *garret*

l'intérieur *m* = l'appartement

meublé *furnished*   il n'y trônait = il n'y avait   le bibelot
  knick-knack, figurine
le tableau *painting*

la personnalité caractère

l'âme *f* *soul*

on eût dit = on aurait pensé

adresses par jour selon certains, et que c'est là une besogne qui lasse l'esprit.

Le jeune homme n'était pas beau, mais n'était pas non plus disgracié par la nature. Il était de taille moyenne et, à première vue, paraissait tout à fait quelconque. Son visage n'était pas par- 5 ticulièrement harmonieux, le front n'était pas haut et les cheveux n'étaient guère bouclés. On le voyait et on l'oubliait sauf, si par un très grand hasard, on rencontrait son regard.

On ressentait alors comme un choc, car ses yeux étaient d'un bleu étrange, incroyablement bleus même et il y dansait comme 10 une petite flamme claire.

Mais peu de gens avaient l'occasion de les voir, ses yeux, car il les gardait obstinément baissés. D'abord à cause de ses enveloppes, bien entendu.

Quand il avait terminé sa journée, il murmurait un vague 15 salut à ses quelques collègues et disparaissait sans même qu'on se soit aperçu de son départ. C'est dire à quel point il paraissait inintéressant et peu digne d'intérêt.

Dans la rue non plus, les regards des passants ne s'arrêtaient pas sur lui. Il marchait toujours d'un pas vif, un peu sautillant, 20 pressé de rentrer chez lui.

Personne n'avait jamais mis les pieds chez lui sauf sa logeuse qui était une vieille femme que seul le modeste loyer que cette mansarde lui rapportait intéressait encore dans la vie.

L'intérieur du jeune homme ressemblait à celui qui l'occu- 25 pait. Il était pauvrement meublé et il n'y trônait aucun bibelot, ni même la reproduction d'un beau tableau pour donner un peu de personnalité aux objets inanimés qui n'avaient vraiment pas d'âme.

Et cependant, dès que le jeune homme entrait chez lui, on 30

franchir le seuil de entrer dans le conte de fée *fairy tale*

jeter *to throw* n'importe où *anywhere*

la plume *pen* rendu *given back*

naître *to be born*
la croche *eighth note* le doublé *sixteenth note* les clés de
fa, de sol, et d'ut *the keys of F, of G, of C*

méconnaissable *unrecognizable*
griffonner *to scribble*
habité *inhabited* la fièvre *fever* lever *to raise*

parvenir arriver
le crépuscule *twilight*

le tintement *tinkling*
hurler *to scream*
la cour *courtyard* la kermesse *public fair*
propre à *here, conducive to* faire naître ici, suggérer

se mettre à commencer à

la tache *spot, dot* la portée *staff* chantonner *to hum*

consacrer *to devote*

eût dit qu'il venait de franchir le seuil d'un palais de contes de fées.

Il jetait son manteau n'importe où, regardait autour de lui d'un air heureux et s'asseyait à sa table... pour écrire !

Oui, lui qui avait passé huit longues heures à écrire des adresses, il reprenait la plume dès que la liberté lui était rendue et il oubliait même souvent de manger.

Mais ce n'était plus des adresses qui naissaient sous sa main, mais des notes, des croches, des doublés, des trilles, des clés de fa, de sol et d'ut,[1] bref tous ces signes cabalistiques qui ont une signification pour ceux qui sont versés dans l'art de la musique.

Il composait et était méconnaissable de celui qui, dans la journée, griffonnait ses cinq cents adresses comme un robot.

Il semblait vraiment habité par une sorte de fièvre. Il levait la tête de temps à autre et écoutait. C'était même un peu ridicule de sa part car les bruits qui parvenaient jusqu'à ses oreilles étaient ceux d'une grande maison peuplée lorsque le crépuscule descend sur elle.

Il y avait le tintement des casseroles, les cris des enfants qui riaient ou pleuraient, un poste de radio qui hurlait si fort qu'il transformait la cour en une vaste kermesse. Des bruits communs et discordants, peu propres à faire naître une belle mélodie dans la tête du jeune homme.

Mais, pour lui, ces bruits devaient avoir une autre signification car, parfois, il souriait, d'un sourire bizarre et ses yeux se mettaient à briller. Alors, sa plume se mettait à courir, des petites taches noires se jetaient sur leurs portées et la jeune homme chantonnait en même temps qu'il composait.

Il nous faut vraiment beaucoup de patience pour consacrer

[1] fa, sol, ut *In French musical notation, C is always* do *or* ut, *D is* re, *E is* mi, *and so on.*

demeuré   ici, stupide
fou, folle   *crazy*   dire   ici, admettre
s'intéresser à   *to take an interest in*   le bout = la fin (de l'histoire)

la lueur   *glimmer*
vacillant   *flickering*   la bougie   *candle*
pourtant   *however*
faire des économies   *to save money*

malheureux, malheureuse   *here, sad, little*

faible   *here, dim*

d'autrefois   du passé

à force de   *as a result of*
il commençait à avoir les yeux qui lui brûlaient   *his eyes began to hurt*
il lui arrivait alors de   *he would then*   le commutateur   *light switch*
blafard   *pale*   d'un seul coup   *all of a sudden*

nu   ici, sans décoration   la cellule   *cell*   le moine   *monk*
on aurait dit = c'était comme si
se dessécher   *to become dry*

le soupir   *sigh*   frotter   *to rub*

le quartier   *district*

autant de temps à ce garçon qui paraissait un peu demeuré, un peu fou même, il faut bien le dire, mais puisque nous avons commencé à nous intéresser à lui, allons jusqu'au bout.

Il y a une chose que nous aurions dû dire beaucoup plus tôt car elle a une grande importance : le jeune homme écrivait à la lueur, vacillante bien sûr, d'une bougie.

Pourquoi ? Il avait pourtant dans sa mansarde l'électricité comme tout le monde, ou presque. Peut-être voulait-il faire des économies ? Ce serait là l'explication logique de l'existence de cette malheureuse bougie, mais elle ne nous satisfait pas pleinement.

Pourquoi ne pas supposer, par exemple, que ce jeune homme eût une âme romantique et que la faible lumière dansante de la bougie fût plus propre à lui apporter l'inspiration nécessaire ?

Il est possible encore qu'il eût lu les biographies des grands compositeurs d'autrefois qui avaient du génie, mais pas d'électricité.

Il n'y avait pourtant pas de livres dans sa chambre et son passé est pour nous un complet mystère.

Mais à force d'écrire des adresses tous les jours et des notes toutes les nuits, il commençait à avoir les yeux qui lui brûlaient.

Il lui arrivait alors de tourner le commutateur et d'allumer la lumière. Elle était jaune et blafarde et d'un seul coup le palais du jeune homme disparaissait et il se retrouvait dans sa mansarde nue et froide comme la cellule d'un moine.

Il essayait tout de même de composer, mais on aurait dit que la plume magique se fût soudainement desséchée ; elle ne voulait plus donner une seule note et le jeune homme rallumait sa bougie avec un soupir et en se frottant les yeux.

Un soir, en sortant de son travail, son employeur lui demanda d'aller porter une lettre urgente dans un autre quartier de

à l'étranger   *abroad*
conduire   *here, to lead*

l'antiquaire *m*   *antique dealer*   la boutique   *shop*   se toucher
   être contigu
la caverne   *cave*
se prendre à   commencer à   exposé   *exhibited*
tomber en arrêt   s'arrêter
de par le monde = dans le monde

voilà qui = voilà une chose qui
la clarté   *light, brightness*   vulgaire   commun, ordinaire   l'ampoule *f*   *lightbulb*
coûter   *to cost*
franchir le seuil de = entrer chez
prendre son courage à deux mains   *to summon up all one's courage*

inusité   *unusual*
abandonner   ici, oublier

faire face à quelqu'un   *to face someone*

penché   *bent (forward)*
sourd   *deaf*   aveugle   *blind*

le ride   *wrinkle*

contempler   regarder attentivement
aussi modeste soit-il   même s'il est très modeste (modeste = sans
   beaucoup d'argent)
capter   attraper

la ville. Pour le jeune homme c'était comme s'il était parti à l'étranger car il ne semblait connaître que le chemin qui conduisait de sa maison à son travail.

Il passa par une rue comme il n'en avait encore jamais connu. C'était celle des antiquaires et leurs boutiques se touchaient formant toutes ensemble une immense caverne d'Ali-Baba.

Il se prit à admirer les vieilles choses qui y étaient exposées et tomba brusquement en arrêt devant un objet comme il y en a pourtant des centaines de milliers de par le monde : une lampe à pétrole.

Une lampe à pétrole ! Voilà qui allait peut-être concilier le romantisme timide de la bougie avec la clarté vulgaire de l'ampoule électrique ! Oui, mais combien coûtait-elle, cette lampe ?

Il hésita longtemps et lorsqu'il franchit finalement le seuil du marchand on peut dire qu'il avait pris son courage à deux mains. Car pour ceux qui font tous les jours la même chose tout geste inusité devient un acte de courage.

Il est temps maintenant d'abandonner pour quelques instants le jeune homme aux yeux baissés et de regarder le vieux marchand qui lui faisait face.

C'était vraiment un très vieil homme puisque quelques mois seulement le séparaient de sa centième année.

Il était petit et tenait la tête un peu penchée comme s'il était sourd, mais il n'était pas sourd. Il n'était pas aveugle non plus, bien au contraire. On ne voyait plus ses yeux noirs qui disparaissaient dans d'innombrables rides, mais ses yeux, eux, vous voyaient très bien.

Il contempla le jeune homme avec autre chose que la politesse due au client, aussi modeste soit-il. Car le jeune homme avait levé la tête et les yeux noirs du vieillard avaient capté son regard si bleu.

la douceur   *kindness*

la vitrine   *store window*

le pied   *here, stand*   le cuivre   *brass*

trottiner   *to walk with short steps*

la souris   *mouse*   les détours *m*   *here, nooks and crannies*   le
   grenier   *attic*

tenez   *look here!*   le dessin   *pattern*

nulle part   *nowhere*   fin   délicat

perdre son temps   *to waste one's time*   à vouloir = si l'on veut
   le tracé   *outline, contour*
le labyrinthe   *maze*
je le vois bien   *I realize that*   ce n'est jamais que = c'est seulement
pas vrai = n'est-ce pas

faire semblant de   *to pretend*

usé   *worn out*   éculé   *down at the heel*

s'éclaircir la gorge   *to clear one's throat*

cent cinquante francs = *approximately thirty dollars*

avoir un haut-le-corps   *to start*

une somme pareille   *such a sum of money*

tant pis   *it is too bad*   pardonnez-moi = excusez-moi

déranger   *to disturb*

— Que désirez-vous, jeune homme ? demanda-t-il avec une grande douceur.

— Euh... je... j'ai vu une lampe dans votre vitrine.

— Une très vieille lampe à pétrole, oui... Elle est très ancienne... vous verrez que son pied est en cuivre et joliment tra- 5 vaillé... je vais aller vous la chercher.

— Mais...

Déjà le vieil homme trottinait dans sa boutique, agile comme une souris qui connaît tous les détours du grenier. Il revint avec la lampe qu'il portait avec précaution comme si elle 10 avait été un objet de grande valeur. Il la plaça précautionneusement sur une petite table où soudainement elle prenait de la beauté et de l'importance.

— Tenez... regardez..., dit-il. Admirez ce pied. Ce dessin, vous ne le retrouverez plus nulle part... voyez comme il est fin et 15 gracieux... on perdrait son temps à vouloir en suivre le tracé... il vous perd comme dans un labyrinthe...

— Eh oui, dit le jeune homme, je le vois bien. Mais ce n'est jamais qu'une lampe à pétrole, pas vrai ?

— Dans un sens, vous avez raison...   20

— Quel est son prix ?

— Ah...

Il y eut un silence pendant lequel le vieil homme faisait semblant de regarder ses pieds. Mais il regardait les pieds de son client et voyait leurs chaussures usées et éculées.   25

Il s'éclaircit la gorge.

— Pour vous... euh... cette lampe ne coûtera que cent cinquante francs...

Le jeune homme eut un haut-le-corps.

— Cent cinquante francs... jamais je ne pourrai mettre une 30 somme pareille dans une simple lampe à pétrole. Tant pis... Pardonnez-moi de vous avoir dérangé...

un instant = attendez un instant

grands dieux   *good heavens!*   pour m'éclairer = pour éclairer ma
   chambre   éclairer   *to light*

le tabouret   *stool*

le fauteuil à médaillon   *armchair with a back in the shape of a large
   medallion*   cela vous est égal   *it's all the same to you*
être bien   *to be comfortable*   reprendre son souffle   *to catch one's
   breath*
raconter   dire

— Un instant, dit le vieil homme. Pourquoi voulez-vous cette lampe ? Êtes-vous collectionneur ?

— Grands dieux, non ! Pour m'éclairer, tout simplement...

— Dans une ville comme la nôtre, n'avez-vous pas l'électricité comme tout le monde ? 5

— Si.

— Alors ?

— C'est difficile à vous expliquer.

— Vous me paraissez à la fois nerveux et timide, dit le vieil homme. Asseyez-vous là pendant quelques instants. Ce n'est pas 10 un tabouret que je vous offre, ajouta-t-il avec un sourire, mais un fauteuil à médaillon.[2] Cela vous est parfaitement égal, je le sais bien, mais vous y serez bien pour reprendre votre souffle et me raconter votre histoire.

---

[2] **le fauteuil à médaillon** *an expensive piece of eighteenth-century furniture.*

✿ *Questions orales*

1. Pourquoi pensait-on que le jeune homme n'avait pas de chance ?
2. En quoi consistait son travail ?
3. A qui étaient destinées les enveloppes ?
4. Comment était le jeune homme physiquement ?
5. Comment étaient ses yeux ?
6. Comment savons-nous que le jeune homme paraissait inintéressant ?
7. Où habite-t-il ?
8. Qui sont les personnes qui sont entrées chez lui ?
9. Sa chambre avait-elle beaucoup de personnalité ?
10. Que faisait le jeune homme le soir ?
11. Par quoi semblait-il habité ?
12. Quels bruits entendait-on chez lui ?
13. Le jeune homme faisait-il attention à ces bruits ?
14. Qu'est-ce qu'il écoutait ?
15. Quelle lumière y avait-il dans sa chambre quand il travaillait ?
16. Pourquoi se servait-il d'une bougie plutôt que de l'électricité ?
17. Pourquoi ses yeux lui brûlaient-ils ?
18. Le jeune homme peut-il composer de la musique quand il a allumé l'électricité ?
19. Pourquoi le jeune homme se trouve-t-il un jour dans un quartier éloigné ?
20. Pourquoi la rue ressemble-t-elle à la caverne d'Ali-Baba ?
21. Que voit le jeune homme ?
22. Pourquoi hésite-t-il avant d'entrer dans la boutique ?
23. Quel âge a le vieux marchand ?
24. A quoi ressemble le marchand quand il cherche la lampe ?
25. Où la met-il ?
26. Combien coûte la lampe ?
27. Est-ce que le jeune homme est collectionneur ?
28. A-t-il assez d'argent pour acheter la lampe ?
29. Pourquoi veut-il la lampe ?
30. Pourquoi le vieux marchand fait-il asseoir le jeune homme ?

❧ *Vers la lecture libre*

Impersonal pronouns

On is an impersonal subject pronoun that refers to an unspecified person or group of people. Note the following examples:

On ne l'avait jamais entendu adresser la parole...
On le voyait et on l'oubliait sauf, si... on rencontrait son regard.
On ressentait alors comme un choc...
on eût dit que...
on aurait dit que...
on peut dire que...
On ne voyait plus...

Il often occurs as an impersonal subject in French:

> *Il nous intéresse...*
> *il nous faut vraiment beaucoup de patience...*
> *il faut bien le dire...*
> *Il est possible encore que...*
> *Il est temps maintenant...*

Il y a and variants are another group of impersonal expressions occurring in the narrative:

> *et il y dansait comme une petite flamme claire.*
> *il n'y trônait aucun bibelot...*
> *Il y avait le tintement des casseroles...*
> *Il y a une chose que...*
> *Il n'y avait pourtant pas...*
> *Il y eut un silence...*

Point of view

The generous use of impersonal pronouns and expressions reinforces the narrator's impersonal third-person point of view. The descriptions of the young man at work in his office and the young man in the evening composing music in his garret both present the impressions and comments of an impartial observer, who relates what he has seen and learned without introducing personal value judgments. In fact, the observer seems to have little appreciation for music and apparently does not understand the nature of the composer's art.

On page 119, however, where the young man is sent on an errand to another part of the city, the point of view begins to change. Although the impersonal narrator still sometimes inserts a comment here and there, the remainder of the story reflects the point of view of the young man. The reader becomes aware of the latter's thoughts and reactions not only through the dialogue but also indirectly through the comparisons and figures of speech. In reading the second part of the story, note the devices the author uses to establish the young man's point of view.

 Vers la composition libre

Compositions guidées

1. Faites le portrait du jeune homme.

    MOTS CLEFS   beau / quelconque / harmonieux / étrange / fou / romantique / timide / gêné

2. Décrivez l'appartement du jeune homme.

    MOTS CLEFS   mansarde / meuble / bibelot / personnalité / objet / bougie / table / électricité / livre

Compositions libres

1. Contrastez les occupations du jeune homme durant la journée et pendant la nuit.
2. Mettez-vous à la place d'un collègue du bureau et donnez votre impression de ce jeune homme qui travaille à côté de vous.

malgré *in spite of*   avoir l'habitude de   *to be used to*   si
peu... que   *so little . . . that*

la parole   mot   la digue   *dike*

se rompre   *to break open*

cru   *here, harsh*   l'autre = le marchand

les moyens *m*   *financial means*   éloigné   *far (away)*

2 Le jeune homme s'assit presque malgré lui. Il avait si peu l'habitude de parler de ce qu'il aimait que brusquement un véritable torrent de paroles sortit de sa bouche comme si une digue s'était rompue dans son esprit.

Il raconta tout : les adresses, la bougie, les phrases mélo- 5
dieuses, la lumière crue et l'autre l'écouta sans dire un seul mot.

— Voilà pourquoi j'aurais voulu acheter cette lampe, conclut-il. Mais mes moyens sont si éloignés de la somme que vous désirez...

— De quel instrument jouez-vous ? voulut savoir le vieil 10
homme.

siffler   *to whistle*

curieux, curieuse   *étrange*   **arpenter**   *to walk up and down*
  encombré   *crowded (here, with furniture)*
siffloter   siffler légèrement
le fauteuil à oreilles   *wing chair*

avoir confiance en soi   *to be self-confident*

l'éditeur *m*   *publisher*

oser   *to dare*   **à la mode**   *fashionable, up-to-date*

se moquer de   *to laugh at, make fun of*

terni   *tarnished*

merveilleux, merveilleuse   *wonderful, enchanted*

— D'aucun. Mais je les entends tous dans ma tête.

— Et que composez-vous ?

— Oh... des choses d'autrefois... des sonates... et peut-être même... un jour... une symphonie.

— J'aime beaucoup la musique, dit le vieil homme. Sifflez- 5
moi donc l'une de vos sonates, celle que vous aimez le plus.

Et le jeune homme se mit à siffler. C'était vraiment un curieux spectacle car il s'était levé et arpentait la boutique encombrée tout en sifflotant. Quant au vieil homme, il était confortablement installé dans un fauteuil à oreilles et avait fermé 10
les yeux.

— Ce n'est pas mal du tout, dit-il lorsque le jeune homme eut fini.

— Oh... vous croyez, dit celui-ci.

— Vous n'avez pas confiance en vous ?   15

— Parfois... et si peu.

— Êtes-vous déjà allé voir un éditeur ?

— Oh non ! je n'oserais pas ! Ce que je fais n'est pas à la mode et on se moquerait de moi !

Le vieil homme prit la lampe dans un geste de caresse.   20

— Il est vrai que le cuivre est un peu terni, dit-il, comme s'il se parlait à lui-même. Il faudrait le frotter.

Brusquement, il leva la tête et regarda le jeune homme droit dans les yeux.

— Avez-vous déjà entendu l'histoire d'une lampe qu'on 25
frottait ? demanda-t-il sèchement.

— Mais non, monsieur...

— Vous ne connaissez donc pas l'histoire d'Aladin et de sa lampe merveilleuse ?

— Non, en vérité, je ne la connais pas.   30

le rayon *shelf*

le tailleur *tailor*   chinois *Chinese*

la moue *pout*
se conduire *to behave*
à tel point que *to such an extent that*
faire de la peine à *to hurt*   le chagrin *sorrow*
faire rentrer ramener   le devoir *duty*
opiniâtre obstiné   au bout de = après, à la fin de
je puis = je peux   affirmer *to assert*

venons-en à = parlons de   se trouver être

rendre *to make*   quiconque... s'il pouvait *whoever could*
    puissant *powerful*

se demander *to wonder*   où il voulait en venir *what he was*
    driving at
prendre ses jambes à son cou *to take to one's heels*
l'officine *f* *den*

bref *in short*
ignorer ne pas connaître   le pouvoir *power*

bien très   sale *dirty*
nettoyer *to clean*   avoir de la valeur *to be worth something*

Le vieil homme alla chercher un livre sur un rayon et trouva sans difficulté la page qu'il cherchait.

— Les Contes des Mille et Une Nuits,[1] dit-il. Et voici l'histoire d'Aladin et de sa lampe merveilleuse. Je ne vais pas vous la raconter entièrement, cela nous prendrait la soirée. Le père 5 d'Aladin était un tailleur chinois du nom de Mustafa...

— Mon père n'était pas tailleur, dit le jeune homme, avec une moue.

— Cet Aladin se conduisait déjà très mal à l'âge de quinze ans, poursuivit le vieil homme sévèrement. A tel point que cela 10 fit beaucoup de peine à son père. Il est dit ici que « le chagrin de ne pouvoir faire rentrer ce fils dans son devoir lui causa une maladie si opiniâtre qu'il en mourut au bout de quelques mois ».

— Je puis vous assurer que ce n'est pas mon cas, affirma le jeune homme. Je... enfin... je n'ai jamais connu mes parents...   15

— Bien... bien... venons-en à cette fameuse lampe... Cela se trouve par ici... « Il y avait dans le monde une lampe merveilleuse dont la possession rendrait quiconque plus puissant que le plus puissant des monarques s'il pouvait en devenir le possesseur. »

Le jeune homme se demandait bien où son interlocuteur 20 voulait en venir ; il avait presque envie de prendre ses jambes à son cou et de quitter cette boutique qui ressemblait à l'officine d'un magicien.

Mais une curieuse autorité émanait du vieil homme.

— Bref, reprit-il, la lampe arriva entre les mains d'Aladin 25 qui ignorait d'abord le pouvoir magique. Et puis, un jour... attendez... ça doit se trouver par ici... oui... écoutez... La mère d'Aladin prit la lampe où elle l'avait mise. « Elle est bien sale », dit-elle à son fils, « si nous la nettoyions un peu, elle aurait sans doute

---

[1] **Les Contes des Mille et Une Nuits**   Arabian Nights, *which contains the story of Aladdin and his wonderful lamp.*

le sable   *sand*   à peine... que   *hardly . . . than*

d'une grandeur gigantesque   *of huge size*   paraître = apparaître
tonnant   *thundering*   me voici = je suis
l'esclave *m*   *slave*   celui de = l'esclave de

se taire   arrêter de parler

le bonheur   *happiness*
l'obscurité *f*   *darkness*   se glisser   pénétrer

laisser la place à   *to leave room for*   l'ombre *f*   *shadow*   complice   qui aide, qui est favorable

la foi   *faith*
sauver   *to save*

réussir   *to be successful*
gagner   *to earn*

faire attention à   *to take care of*
dans l'intérieur de   *inside*   le manteau   *coat*
tenir   *to hold*   cacher   *to hide*
prendre congé de   dire au revoir à; quitter

carrément   complètement

plus de valeur. » Elle prit de l'eau et du sable fin mais à peine eut-elle commencé à frotter cette lampe qu'un génie hideux et d'une grandeur gigantesque s'éleva et parut devant elle et lui dit d'une voix tonnante : « Que veux-tu ? Me voici prêt à t'obéir, comme ton esclave et celui de tous ceux qui ont la lampe à la 5 main, moi avec les autres esclaves de la lampe. »

Il se tut, ferma le livre et le posa devant lui.

— Et c'était vrai, conclut-il, la lampe a fini par tout donner à Aladin, bonheur, richesse, amour...

L'obscurité s'était glissée dans la pièce et le vieil homme 10 alluma la lampe à pétrole. Elle avait une belle flamme ferme qui laissait pourtant la place à des ombres complices et amies.

— Oui, dit le jeune homme enfin, mais cette lampe-là, ce n'est pas celle d'Aladin...

— Qu'en savez vous ? demanda l'autre. Il n'y a que la foi 15 qui sauve... Prenez la lampe, emportez-la avec vous...

— Mais, je n'ai pas...

— Frottez-la avec douceur chaque fois que vous voudrez créer quelque chose de grand et de beau... Vous réussirez... vous gagnerez de l'argent... et vous reviendrez ici pour me payer le prix 20 de la lampe.

Le jeune homme n'en croyait pas ses oreilles. Il osa à peine prendre la lampe entre ses mains...

— Je ne sais comment vous remercier.

— Ce n'est rien. Mais faites bien attention à votre lampe... 25

Le jeune homme mit la lampe dans l'intérieur de son manteau, la tenant comme s'il cachait un enfant.

Il ne savait plus comment prendre congé du vieil homme, mais celui-ci paraissait l'avoir oublié. Il avait fermé les yeux et s'était même carrément endormi.

                                                                      30

le voleur   *robber, thief*
raser   passer tout près de

baigner   *here, to be bathed*   **la lueur**   lumière
le chiffon   *rag*   **aucun... ne**   *no*

propre   *clean*

traverser   *to cross*   **le cerveau**   *mind*
éclair *m*   *lightning*   **saisir au vol**   *to grasp* (*out of the air*)
se créer   prendre forme

l'œuvre *f*   travail

achevé   fini
en renom   très connu

rester   *to remain*
la folie   *madness*

le fauteuil de style   *period armchair*
le sorcier   *wizard, sorcerer*   **le grimoire**   *book of spells*
affronter = confronter
précis   *here, sharp*

Le jeune homme quitta la boutique comme un voleur et rentra chez lui en rasant les murs.

Mais, enfin, la lampe fut sur sa table, il l'alluma et la pièce baigna dans une douce lueur.

Il prit un chiffon et frotta doucement le cuivre terni. Aucun génie, ni bon, ni mauvais ne sortit de la lampe. Elle eut seulement l'air contente d'être un peu plus propre.

Le jeune homme se mit enfin à écrire la grande symphonie dont les phrases avaient parfois traversé son cerveau comme dans un éclair, mais qu'il n'avait jamais pu saisir au vol.

Et maintenant, voilà qu'elle se créait, sa symphonie !

Il frottait sa lampe, il ne souriait plus avec l'ironie du premier soir, car il sentait bien que la lampe l'aidait dans son œuvre comme l'autre avait aidé Aladin...

Un jour, il osa enfin apporter sa symphonie achevée à un éditeur en renom.

— Revenez dans trois jours, lui dit celui-ci. A cinq heures...

— Je travaille jusqu'à six heures, monsieur...

— Soyez ici à six heures et demie...

Ces trois jours furent les plus longs de sa vie. Il n'écrivait plus rien, plus une note, il restait parfois une heure à regarder la lampe et avait l'impression que cette flamme jaune apportait la folie dans son cerveau.

Le dernier soir, il alla jusqu'à la boutique. Il voyait bien le vieil homme qui lisait assis dans un fauteuil de style. Il avait l'air d'un sorcier qui consultait un grimoire et le jeune homme n'eut pas le courage de l'affronter.

Le grand jour arriva enfin et à six heures et demie précises, l'éditeur le reçut, avec cordialité et respect.

— Ce que vous avez fait est excellent, jeune homme...

paraître   sembler

le possédé   *madman*   **tant il avait hâte**   *in such a hurry was he*
 régler une dette   *to settle a debt*

il aurait fallu vous y prendre plus tôt   *here, you should have come
 sooner*
mourir   *to die*
le fantôme   *ghost*

remarquez = notez   **la femme de ménage**   *cleaning lady*

être utile à   aider

devoir   *to owe*

par exemple   *what a coincidence!*   **imaginez-vous**   *would you
 believe*
il s'est senti mourir   il a senti la mort approcher
tout à l'heure   *soon*

faire cadeau de = donner   **prendre soin de**   *to take care of*

le milliard   *billion*   **l'étoile** *f*   *star*

Celui-ci reçut une somme qui lui parut fabuleuse. Il courait dans la rue comme un possédé tant il avait hâte de régler sa dette chez le vieil homme.

Il arriva à sept heures et demie. La boutique était encore ouverte. Une femme était en train de la fermer.   5

— Je voudrais voir le vieux monsieur, dit-il.

— Il aurait fallu vous y prendre plus tôt ! dit la femme. Il est mort il y a une heure.

Il la regarda comme s'il voyait un fantôme.

— Il est mort à...   10

— Six heures et demie, oui. Mais que lui vouliez-vous ? Remarquez, je ne suis que la femme de ménage, mais je puis peut-être vous être utile...

— C'est que... je lui devais cent cinquante francs... pour l'achat d'une lampe...   15

— Ah ! c'est vous le jeune homme de la lampe ! s'exclama-t-elle. Par exemple ! Imaginez-vous que je me trouvais auprès de lui lorsqu'il s'est senti mourir. J'ai même entendu ses dernières paroles et il les a dites d'une voix très claire... « Tout à l'heure, un jeune homme va venir... il voudra me payer une vieille lampe...   20 dites-lui que je lui en fais cadeau et qu'il en prenne bien soin. Là où je vais, moi, il y a encore mieux que la lampe d'Aladin... il y a des milliards d'étoiles... »

✤ *Questions orales*

1. Pourquoi le jeune homme parle-t-il si vite ?
2. Qu'est-ce qu'il raconte au vieux marchand ?
3. De quel instrument joue le jeune homme ?
4. Qu'est-ce que le jeune homme compose ?
5. Qu'est-ce que le marchand lui demande de siffler ?
6. Que fait le jeune homme en sifflant ?
7. Quelle impression fait la sonate sur le marchand ?
8. Pourquoi le jeune homme n'est-il pas allé chez un éditeur ?
9. Le jeune homme connaît-il l'histoire de la lampe d'Aladin ?
10. Où peut-on lire cette histoire ?
11. Qui était le père d'Aladin ?
12. Qu'est-ce qui cause sa mort ?
13. Pourquoi la lampe est-elle merveilleuse ?
14. Quelle est la réaction du jeune homme pendant que le marchand parle ?
15. Quand la mère d'Aladin a frotté la lampe, qu'est-ce qui est arrivé ?
16. La lampe du marchand, est-ce la lampe d'Aladin ?
17. Comment le jeune homme va-t-il payer la lampe ?
18. Qu'est-ce qui se passe quand le jeune homme frotte la lampe ?
19. Quelle est l'influence de la lampe sur l'œuvre du jeune homme ?
20. A qui apporte-t-il sa symphonie ?
21. Combien de jours doit-il attendre la réponse ?
22. Quelle est finalement la réponse de l'éditeur ?
23. Que lui donne l'éditeur ?
24. Pourquoi le jeune homme court-il comme un possédé ?
25. Où court-il ?
26. A quelle heure arrive-t-il à la boutique du marchand ?
27. Qui est en train de fermer la boutique ?
28. A quelle heure le marchand est-il mort ?
29. Quelles ont été ses dernières paroles ?
30. Comment savait-il que le jeune homme allait venir avec les cent cinquante francs ?

Vers la lecture libre

Idioms and expressions with *avoir*

In French many idiomatic expressions are constructed with **avoir**. The reader is familiar with sentences such as "Quel âge avez-vous?" and "Avez-vous faim?" In this selection, there are several examples of the idiomatic use of **avoir**:

avoir l'habitude de	*to be accustomed to, be used to*
avoir envie de	*to want (to)*
avoir hâte de	*to be in a hurry (to)*
avoir l'air de	*to seem (to)*

In the first part of *Une Vieille Lampe à pétrole,* we find

avoir de la chance	*to be lucky*
avoir les yeux qui brûlent	*(his) eyes hurt*

Figures of speech

Hugo de Haan uses several different kinds of figures of speech (*figures de rhétorique*) in this story.

(1) The simile (*la comparaison*), which de Haan seems to prefer, explicitly compares one action or thing to another with different qualities or attributes. In French, the simile is most frequently introduced by **comme** or **comme si**:

> *comme si une digue s'était rompue*
> *comme ton esclave*
> *comme s'il cachait un enfant*
> *comme un voleur*
> *comme dans un éclair*
> *comme un possédé*
> *comme s'il voyait*

The comparison may be introduced by other expressions:

> *qui ressemblait à l'officine d'un magicien.*
> *il avait l'air d'un sorcier...*

(2) The metaphor (*la métaphore*) is a figure of speech in which a phrase or word denoting one object or action is used in place of another, in a figurative sense, in order to suggest a likeness.

un véritable torrent de paroles   (This likeness is continued in the following line with the reference to *une digue dans son esprit.*)

(3) Personification (*la personnification*) grants one object, often inanimate, the qualities of a human being:

> *L'obscurité s'est glissée...*
> *Elle [la lampe] eut seulement l'air contente...*

(4) Hyperbole (*l'hyperbole ou l'exagération*) is an intentional exaggeration to gain a literary effect:

> *Ces trois jours furent les plus longs de sa vie.*

❧ *Vers la composition libre*

Exercice stylistique

1. Trouvez les figures de rhétorique dans la première partie d'*Une Vieille Lampe à pétrole.* Identifiez chaque figure et décrivez son effet.

Albert Camus

Albert Camus (1913–60) was born and educated in Algeria and began his writing career as a journalist there. Moving to France in 1940, he worked on Resistance newspapers during the German Occupation. He is widely known among American college students for his philosophical novels L'Étranger *(1942),* La Peste *(1947), and* La Chute *(1956). While his early work stresses the absurdity of human existence, his later writing attempts to give value to life by emphasizing the necessity of striving for justice. He was awarded the Nobel Prize for Literature in 1957.*

The fragment Jeanne *was noted in his* Carnets *in 1938 and was later reworked and incorporated into* La Peste. *However, this delicate evocation of young love remained unpublished in its original form until several years ago.*

lié   ici, associé
bête   *silly*

tous les deux   *both (of us)*
quelques rues   *a few blocks*   **la mienne** = ma rue
le quartier   *district*   **tout**   *everything*
ramener   *to bring back*
la rencontre   *meeting*
échapper à   *to escape from*
lassé   fatigué   **à travers**   ici, après

Jeanne

C'est à Jeanne que sont liées quelques-unes de mes joies les plus pures. Elle me disait souvent : « Tu es bête. » C'était son mot, celui qu'elle disait en riant, mais c'était toujours au moment où elle m'aimait le mieux. Nous étions tous les deux d'une famille pauvre. Elle habitait quelques rues après la mienne, sur la rue du 5 centre. Ni elle ni moi ne sortions jamais de ce quartier où tout nous ramenait. Et chez elle comme chez moi c'était la même tristesse et la même vie sordide. Notre rencontre, c'était une manière d'échapper à tout ça. Et pourtant maintenant, à cette heure où je me retourne vers son visage d'enfant lassé, à travers tant 10 d'années, je comprends que nous n'échappions pas à cette vie de

c'était de nous aimer = c'était le fait de nous aimer   au sein même
    de   *in the very midst of*
l'ombre *f*   *here, gloom*

c'est que = c'est parce que

bien que   *although*   clair = clairement

s'empêcher de   *to abstain from*

se dresser   *to stand up*

sur la pointe des pieds   *on tiptoe*   le bras   *arm*

le cou   *neck*

aller voir quelqu'un   *to visit someone*

le cheminot   *railroad worker*

énorme   extrêmement grand   à plat   *flat*   la cuisse   *thigh*

le ménage   *housekeeping*   à la voir = en la voyant   léger,
    légère   *here, alert*   rieur, rieuse   *laughing*
être en train de   être occupé à   la taille   *size*

moyen, moyenne   *average*   de la sentir = du fait de la sentir
    menu   *slender, slim*
serrer   *to tighten*
le camion   *truck*   reconnaître   *here, to realize*

songer   penser

me le demander   ici, me poser cette question   être fâché   *to be
    angry*
le ravissement   *rapture*   la larme   *tear*
jeter   *to throw*

supplier   demander avec insistance

confondu   *confused, mixed up*

le couloir   *corridor*

la broche   *pin*

misère et que, à la vérité, c'était de nous aimer au sein même de
cette ombre qui nous donnait tant d'émotion que rien ne pourra
plus payer.

Je crois que j'ai bien souffert quand je l'ai perdue. Mais pourtant je n'ai pas eu de révolte. C'est que je n'ai jamais été très à   5
l'aise au milieu de la possession. Il me semble toujours plus naturel de regretter. Et, bien que je voie clair en moi, je n'ai jamais pu
m'empêcher de croire que Jeanne est plus en moi dans un moment comme aujourd'hui qu'elle ne l'était quand elle se dressait
un peu sur la pointe des pieds pour mettre ses bras autour de mon   10
cou. Je ne sais plus comment je l'ai connue. Mais je sais que
j'allais la voir chez elle. Et que son père et sa mère riaient de nous
voir. Son père était cheminot et, quand il était chez lui, on le
voyait toujours assis dans un coin, pensif, regardant par la fenêtre,
ses mains énormes à plat sur ses cuisses. Sa mère était toujours au   15
ménage. Et Jeanne aussi, mais à la voir légère et rieuse, je ne pensais pas qu'elle était en train de travailler. Elle était d'une taille
moyenne, mais elle me paraissait petite. Et de la sentir si menue,
si légère, mon cœur se serrait un peu lorsque je la voyais traverser
une rue devant des camions. Je reconnais maintenant que sans   20
doute elle n'était pas intelligente. Mais à l'époque je ne songeais
pas à me le demander. Elle avait une façon à elle de jouer à être
fâchée qui m'emplissait le cœur d'un ravissement plein de larmes.
Et ce geste secret, par quoi elle se retournait vers moi et se jetait
dans mes bras quand je la suppliais de pardonner, comment, si   25
longtemps après, ne toucherait-il pas encore ce cœur fermé sur
tant de choses ? Je ne sais plus aujourd'hui si je la désirais. Je sais
que tout était confondu. Je sais seulement que tout ce qui m'agi-
tait se résolvait en tendresse. Si je la désirais, je l'ai oublié le
premier jour où, dans le couloir de son appartement, elle m'a   30
donné sa bouche pour me remercier d'une petite broche que je

tiré en arrière   *pulled back*

inégal   *uneven*   clair   *light*

le baiser   *kiss*

que = le fait que   reçu   ici, invité

chercher   *here, to try*

inexprimable   *inexpressible*

rencontrer   ici, voir   à quelques minutes d'intervalle   *within a few minutes*

la devanture   *store window*   brillant   *glittering*

faire mal à quelqu'un   *to hurt someone*

renversé   tourné

les fêtes *f*   *holidays*

épargner   *to spare*

le sujet   *here, figure*   la rocaille   *rock work*

le flocon   *flake*   l'ouate hydrophile *f*   *cotton*

doré   *gilded*

l'arc-en-ciel *m*   *rainbow*   ravir   *to entrance*   avoir honte   *to be ashamed*

réfréner   *to curb, control*

préciser   ici, analyser en détail

lui avais donnée. Avec ses cheveux tirés en arrière, sa bouche inégale aux dents un peu grandes, ses yeux clairs et son nez droit, elle m'apparut ce soir-là comme une enfant que j'aurais mise au monde pour ses baisers et sa tendresse. Et j'ai eu longtemps cette impression, aidé en cela par Jeanne qui m'appelait toujours son « grand ami ». 5

Nous avions ensemble des joies singulières. Quand nous avons été fiancés, j'avais vingt-deux ans et elle dix-huit. Mais ce qui nous pénétrait le cœur d'amour grave et joyeux, était le caractère officiel de la chose. Et que Jeanne fût reçue chez moi, que 10 maman l'embrassât et lui dît « Ma petite », c'étaient autant de joies un peu ridicules que nous ne cherchions pas à cacher. Mais le souvenir de Jeanne est lié pour moi à une impression qui me paraît aujourd'hui inexprimable. Je la retrouve encore et il suffit que je sois triste et que je rencontre, à quelques minutes d'inter- 15 valle, un visage de femme qui me touche et une devanture brillante, pour que je retrouve, avec une vérité qui me fait mal, le visage de Jeanne renversé vers moi et me disant « Comme c'est beau. » C'était à l'époque des fêtes.[1] Et les magasins de notre quartier n'épargnaient ni les lumières ni les décorations. Nous 20 nous arrêtions devant les pâtisseries. Les sujets en chocolat, la rocaille[2] de papier d'argent et d'or, les flocons de neige en ouate hydrophile, les assiettes dorées et les pâtisseries aux couleurs d'arc-en-ciel, tout nous ravissait. J'en avais un peu honte. Mais je ne pouvais réfréner cette joie qui me remplissait et qui faisait 25 briller les yeux de Jeanne.

Aujourd'hui, si j'essaye de préciser cette émotion singulière, j'y vois beaucoup de choses. Bien sûr, cette joie me venait d'abord

[1] les fêtes   *The reference here is to Christmas.*
[2] la rocaille   *This is a grotto-like background made of gold and silver paper. In France, the nativity scene is traditionally placed in a rocky grotto.*

le poignet   *wrist*

la moue   *pout*   attendre   *here, to expect*   l'éclat *m*   *here, glit-*
   tering

l'air *m*   ici, l'attitude

chargé de   *loaded with, weighed down with*   l'emplette *f*   paquet,
   achat

arracher à   détacher de

la bouchée au chocolat   *a kind of large chocolate candy*

bruyant   plein de bruit

se presser   *here, to snuggle*

s'accorder avec   *to be suited to*

promener   *here, to carry, take*

s'élever   *to rise*

lier   *here, to join*

l'ouvrier *m*   *worker*

la profondeur   *depth*   glacé   très froid

de Jeanne — de son parfum et de sa main serrée sur mon poignet, des moues que j'attendais. Mais aussi ce soudain éclat des magasins dans un quartier d'ordinaire si noir, l'air pressé des passants chargés d'emplettes, la joie des enfants dans les rues, tout contribuait à nous arracher à notre monde solitaire. Le papier 5 d'argent de ces bouchées au chocolat était le signe qu'une période confuse mais bruyante et dorée s'ouvrait pour les cœurs simples, et Jeanne et moi nous pressions un peu plus l'un contre l'autre. Peut-être sentions-nous confusément alors ce bonheur singulier de l'homme qui voit sa vie s'accorder avec lui-même. D'ordinaire 10 nous promenions le désert enchanté de notre amour dans un monde où l'amour n'avait plus de part. Et ces jours-là, il nous semblait que la flamme qui s'élevait en nous quand nos mains étaient liées était la même que celle qui dansait dans les vitrines, dans le cœur des ouvriers tournés vers leurs enfants et dans la 15 profondeur du ciel pur et glacé de décembre.

❦ *Questions orales*

1. Qui est Jeanne ?
2. Qu'est-ce que Jeanne avait l'habitude de dire au narrateur ?
3. Quand le disait-elle ?
4. Où habitait-elle ?
5. Où Jeanne et le narrateur se promenaient-ils ?
6. Comment essayaient-ils d'échapper à leur tristesse ?
7. Quelle était la cause de leur tristesse ?
8. Quels sentiments est-ce que le narrateur a eu lorsqu'il a perdu Jeanne ?
9. Pourquoi n'a-t-il pas eu de révolte ?
10. Est-ce que le souvenir de Jeanne a disparu en lui ?
11. Comment le narrateur a-t-il connu Jeanne ?
12. Où allait-il la voir ?
13. Quel métier le père de Jeanne avait-il ?
14. Que faisait-il quand il était chez lui ?
15. Que faisait la mère de Jeanne ?
16. Pourquoi le narrateur ne pensait-il pas que Jeanne travaillait ?
17. Comment Jeanne paraissait-elle au narrateur ?
18. A quoi pensait-il en voyant Jeanne dans la rue ?
19. Jeanne était-elle intelligente ?
20. Est-ce que Jeanne pardonnait au narrateur quand elle était fâchée ?
21. Où se sont-ils embrassés pour la première fois ?
22. Quelle impression est-ce que le narrateur recevait lorsque Jeanne l'appelait son « grand ami » ?
23. Quel âge avaient-ils lorsqu'ils se sont fiancés ?
24. Quel était l'effet du caractère officiel de leurs fiançailles ?
25. Quelles joies avaient-ils ?
26. Dans quelles circonstances est-ce que le narrateur retrouve le visage de Jeanne ?
27. Que faisaient-ils pendant les fêtes ?
28. De quoi le narrateur avait-il un peu honte ?
29. D'où venait la joie du narrateur ?

30. Qu'est-ce qui arrachait Jeanne et le narrateur à leur monde solitaire ?
31. Comment le narrateur décrit-il son quartier à l'époque de Noël ?
32. Quel signe annonce l'arrivée d'une période confuse ?
33. Quelle sorte de bonheur Jeanne et le narrateur ressentent-ils alors ?
34. Comment le narrateur décrit-il son amour pour Jeanne en général ?
35. Comment le narrateur décrit-il son amour pour Jeanne pendant les fêtes de Noël ?

 Vers la lecture libre

Stress

In English a word is stressed in the spoken language by pronouncing it more emphatically; in the written form, this emphasis is indicated through the use of italics. French, however, does not use this type of stress: the accent always falls on the last word in a phrase or sentence. Thus, if a Frenchman wishes to stress a word, he phrases his sentence so that the accent naturally falls on that word. Often the expression **c'est** is used to introduce the stressed element:

C'est à Jeanne *que sont liées quelques-unes de mes joies les plus pures.* (Unstressed: Mes joies les plus pures sont liées à Jeanne.)
c'était de nous aimer *au sein même de cette ombre qui nous donnait tant d'émotion...* (Unstressed: le fait de nous aimer au sein même de cette ombre nous donnait tant d'émotion...)

It is also possible to stress the subject by separating it from the rest of the sentence, again by using **c'est:**

Notre rencontre, *c'était une manière d'échapper à tout ça.* (Unstressed: Notre rencontre était une manière d'échapper à tout ça.)

Celui que and ce qui (ce que) are also utilized to reinforce the meaning of a specific element of the sentence:

Mais, ce qui nous pénétrait le cœur d'amour grave et joyeux, était le caractère officiel de la chose. (Unstressed: Mais, le caractère officiel de la chose nous pénétrait...)

Note the double stress in the following sentence:

C'était son mot, celui qu'elle disait en riant, mais c'était toujours au moment où elle m'aimait le mieux. (Unstressed: C'était son mot qu'elle disait en riant au moment où elle m'aimait le mieux.)

Finally, a specific part of the sentence can be stressed by placing it at the beginning:

Et de la sentir si menue, si légère, mon cœur se serrait un peu... (Unstressed: Mon cœur se serrait un peu de la sentir si menue, si légère.)

Si je la désirais, je l'ai oublié le premier jour... (Unstressed: J'ai oublié si je la désirais le premier jour où...)

Et que Jeanne fût reçue... c'étaient autant de joies un peu ridicules que nous ne cherchious pas à cacher. (Unstressed: Nous ne cherchions pas à cacher ces joies un peu ridicules que Jeanne fût reçue chez nous...)

In the last example above, note the double stress introduced by *que Jeanne fût* and *c'était... que.*

Monologue

Jeanne is the monologue of a man who recalls the memory of his lost fiancée; as he evokes certain scenes from the past, he tries to analyze his feelings at the time. Three salient features are to be noted:

(1) the conversational tone. In his effort at introspection, the narrator carefully formulates his sentences in his mind. One sign of his mental verbalization is the heavy use of stressing expressions,

which are typical of spoken French but less common in written French.

(2) visual images. In bringing to the surface memories from the past, the narrator emphasizes visual description. He recalls the past and sees entire scenes that he shared with Jeanne. The apartment and the store window are closely linked to his past love.

(3) use of demonstratives. The narrator grants an additional note of reality to the past scenes he is contemplating through the use of demonstrative adjectives (in situations where the definite article would ordinarily be employed):

> *ce quartier*
> *cette vie de misère*
> *au sein de cette ombre*
> *ce geste secret*

 Vers la composition libre

Compositions guidées

1. Faites le portrait de Jeanne.

    MOTS CLEFS   menu / lassé /rieur / léger / moyen / intelligent / fâché / inégal / clair

2. Décrivez l'époque des fêtes.

    MOTS CLEFS   devanture / lumière / décoration / couleur / magasin / passant / chocolat / figures / joie / emplette

Compositions libres

1. En quoi consiste le bonheur du narrateur ?
2. Décrivez la pauvreté de Jeanne et son ami.

André Maurois

André Maurois (1885–1967), *member of the* Académie française, *is familiar to American readers for his romanticized biographies of Byron, Shelley, Victor Hugo, and other famous writers. In* La Pèlerine, *which appeared in* Pour piano seul (1960), *the author creates the autumnal atmosphere appropriate to the presentation of the unusual charms of an old hunting cape.*

la pèlerine   *cape*

autrichien, autrichienne   *Austrian*

le mélange   *blend*
le récit   *story*   flotter   *to hover*
la brume   *mist*   le personnage   *character*   décrit   *described*

voilé   *veiled*
bien des = beaucoup d'

avoir l'air de   *to look like*   à peine   *hardly*

La Pèlerine

DOUZIÈME LEÇON

— Connaissiez-vous, demanda-t-il, le charmant poète autrichien Riesenthal ?

— Je ne l'avais, dis-je, rencontré qu'une fois. Je me souviens qu'il avait, ce jour-là, parlé de la Russie avec un mélange ravissant de simplicité et de mystère... Autour de ces récits flottait une brume légère qui donnait aux personnages décrits par lui des contours imprécis et des formes plus qu'humaines... Sa voix même était étrange et comme voilée... Oui, vraiment, je ne l'avais vu qu'une fois et déjà je l'aimais mieux que bien des hommes que j'ai connus toute ma vie... Peu de temps après cette brève rencontre, j'ai appris sa mort, avec tristesse, mais sans surprise, car il avait à

le vivant   *a living person*

tantôt   *sometimes*

demeurer   ici, être, rester
sensible   *sensitive*

le début   commencement
frileux, frileuse   sensible au froid
souffrir   ici, regretter
prêter   *to lend*   **le pardessus**   manteau

aller chercher   *to get*   **j'avais l'habitude de porter**   *I usually wore*
la chasse   *hunting*   **faire voir**   montrer
l'épaisseur *f*   *thickness*   **l'étoffe** *f*   *material, cloth*
roulé   ici, enveloppé

rougissant   devenant rouge

plaire   *to please*
étaler   *to spread*
la robe de chambre   *housecoat*
avoir envie de   *to feel like*

les jours s'accrochant aux jours   *as the days ran into each other*
   s'accrocher   *to hold onto*

blotti   ici, enveloppé

peine l'air d'un vivant... Depuis, bien souvent, en voyageant dans les pays les plus divers, en France, en Allemagne, en Italie, partout j'ai rencontré des amis de Riesenthal... Tantôt c'est un homme, tantôt une femme, dont il a rempli la vie, formé l'esprit et qui, à cause de lui, demeure aujourd'hui plus délicat et plus 5 sensible que les autres êtres humains.

    — Je suis content de ce que vous me dites, répondit-il, car j'étais un ami de Riesenthal. Comme vous, je l'avais un jour vu pendant une heure et n'avais pu l'oublier. Il y a trois ans, traversant mon pays, il se souvint de moi, m'écrivit et s'arrêta chez moi 10 pour un jour. C'était au début de l'automne et déjà l'air était frais. J'habite au pied de hautes montagnes. Riesenthal, frileux et fragile, souffrit de n'avoir pas apporté de vêtements assez chauds. « Pourriez-vous, me dit-il en souriant, me prêter un pardessus ? » Vous voyez que je suis beaucoup plus gros et plus grand que notre 15 ami. J'allai chercher une pèlerine brune que j'avais l'habitude de porter pour la chasse, pendant l'hiver. Riesenthal, amusé, me fit voir qu'il pouvait s'y envelopper sous une double épaisseur d'étoffe et, ainsi roulé dans ma pèlerine, il se promena longtemps avec moi sous les arbres. 20

    Ce jour-là, ma maison, mon jardin, les feuilles rougissantes, les hautes montagnes qui nous entouraient et, le soir, le feu de bois dans ma cheminée, lui plurent tant qu'il décida de rester un jour de plus... Pendant la nuit, il étala la pèlerine brune sur le lit et, le lendemain matin, la remit, comme une robe de chambre, 25 pour travailler. Le soir, il me dit qu'il n'avait pas envie de partir ; de mon côté, je ne souhaitais que garder chez moi le plus longtemps possible cet être unique et délicieux. Ainsi, les jours s'accrochant aux jours, il resta deux semaines pendant lesquelles il vécut blotti dans ma pèlerine. Enfin, il partit, me laissant, souvenir de 30 ce séjour, un poème. Quelques mois plus tard, j'appris sa mort.

lisse *smooth*

jaunissant devenant jaune

dès que *as soon as*

amer, amère *bitter*

noué ici, établi   jadis autrefois

cher, chère *here, precious*
le pouvoir *power, force*   bienfaisant *possessing the capacity or power to do good*
au cours de pendant   devenir amoureux de *to fall in love with*

gagner sa vie *to earn one's living*
l'éditeur *m* *publisher*   offrir proposer   épouser se marier avec
élevé *raised, brought up*
voir = savoir

supporter tolérer

se lier ici, perdre son indépendance

pénible *painful*

L'automne qui suivit cette mort, je reçus une autre visite, celle d'un écrivain français dont j'aime le style transparent et lisse et que je connaissais alors très peu. Lui aussi s'était arrêté dans ma petite ville pour un seul jour, car il allait à Vienne. Pendant le déjeuner, la conversation fut difficile. Il me semblait que l'amitié que j'avais espérée s'éloignait, que nous étions trop différents l'un de l'autre, et je compris avec regret que nous allions nous séparer sans avoir rien dit de sincère, ni de profond. Après le repas, nous nous promenâmes sous les arbres jaunissants. Il se plaignit de l'humidité et j'allai lui chercher la pèlerine de Riesenthal.

C'est un fait assez étrange, mais dès qu'il eut ce vêtement sur les épaules, mon hôte sembla transformé. Son esprit, naturellement précis et parfois amer, parut soudain voilé de mélancolie. Il devint confidentiel, presque tendre. Enfin, quand la nuit tomba, une amitié était nouée et, comme jadis Riesenthal, ce visiteur d'automne, venu pour un jour, passa chez moi deux semaines entières.

Après cela, vous imaginez que la pèlerine brune devint pour moi un objet très cher auquel j'associai, sans beaucoup y croire, un pouvoir symbolique et bienfaisant.

Au cours de l'hiver qui suivit, je devins amoureux d'une Viennoise, admirablement belle, Ingeborg de Dietrich. Elle appartenait à une famille noble et ruinée ; elle gagnait sa vie en travaillant chez un éditeur. Je lui offris de l'épouser, mais elle était, comme la plupart de ces jeunes filles élevées après la guerre, fanatique d'indépendance et, tout en me laissant voir que je ne lui déplaisais pas, elle me dit qu'elle ne pouvait supporter l'idée de se lier par un mariage. Je ne pouvais, moi, sans souffrir, la voir libre dans une grande ville et entourée d'hommes sans scrupules. Nous vécûmes ainsi plusieurs mois pénibles.

au lieu de   *instead of*

paraître   sembler
qu'importe   *what does it matter*
accorder   *to grant*
se moquer de   *to laugh at*

s'interrompre   s'arrêter   au fond de   au bout de
glisser   *to move silently*

Au printemps, Ingeborg consentit à me rendre visite dans ma maison de Wienerwald. Le premier soir de son séjour, nous sortîmes dans le jardin, après le dîner, et je lui dis : « Voulez-vous me faire un grand plaisir ? Permettez-moi, au lieu de votre manteau, de placer sur vos épaules une pèlerine qui m'appartient... Je sais que vous n'êtes pas sentimentale... Ce désir doit vous paraître absurde... Que vous importe ?... C'est le premier soir que vous passez chez moi ; accordez-moi cela, je vous en prie. »

Elle rit et, tout en se moquant de moi avec beaucoup de grâce, elle accepta.

Il s'interrompit parce que, dans la brume du soir, au fond de l'allée, une forme charmante glissait vers nous, enveloppée d'une pèlerine brune.

— Vous connaissez ma femme ? dit-il.

🌼 *Questions orales*

1. Qui est Riesenthal ?
2. Comment décrit-il la Russie ?
3. Quelle impression ces personnages donnent-ils ?
4. Quels sont les sentiments de l'auteur pour Riesenthal ?
5. Pourquoi la mort de Riesenthal ne surprend-elle pas l'auteur ?
6. Quel effet Riesenthal a-t-il sur ses amis ?
7. A quelle époque Riesenthal va-t-il chez son ami ?
8. Où habite cet ami ?
9. Pourquoi Riesenthal désire-t-il un manteau ?
10. A quoi la pèlerine servait-elle ?
11. Pourquoi Riesenthal décide-t-il de rester chez son ami ?
12. Quand est-ce que Riesenthal quitte son ami ?
13. Que lui donne-t-il en partant ?
14. Quand Riesenthal est-il mort ?
15. Qui est venu rendre visite à cet ami en automne ?
16. Quelles sont les qualités du style de cet écrivain français ?
17. D'où vient l'écrivain ?
18. Combien de temps doit-il rester chez l'ami de Riesenthal ?
19. Comment le déjeuner se passe-t-il ?
20. Où se promènent-ils après le déjeuner ?
21. Qui se plaint de l'humidité ?
22. Quel est l'effet de la pèlerine sur l'écrivain français ?
23. Quelles différences y a-t-il entre la conversation du déjeuner et la conversation de l'après-midi ?
24. Ce soir-là est-ce que l'écrivain français décide de partir ?
25. Combien de temps passe-t-il chez son ami ?
26. Quel pouvoir bienfaisant la pèlerine a-t-elle ?
27. Qui est Ingeborg de Dietrich ?
28. Comment gagne-t-elle sa vie ?
29. Pourquoi refuse-t-elle le mariage ?
30. Pourquoi l'ami de Riesenthal vit-il des mois pénibles ?
31. Où se trouve sa maison ?

32. A quelle saison Ingeborg vient-elle lui rendre visite ?
33. Pourquoi veut-il donner la pèlerine à la jeune femme ?
34. Ingeborg accepte-t-elle la pèlerine ?
35. Quel est le résultat de cette action ?

 Vers la lecture libre

Present participle

Some uses of the present participle were pointed out in Lesson Six. In *La Pèlerine* we find many additional examples of the present participle.

En plus the present participle usually shows simultaneity of action but frequently indicates the manner in which an action was accomplished:

> *en voyageant dans les pays*
> *en travaillant chez un éditeur*
> *en me laissant voir que je ne lui déplaisais pas*
> *en se moquant de moi*

The present participle can also appear without the preposition **en:**

> *traversant mon pays, il se souvint de moi*
> *les jours s'accrochant aux jours*
> *il partit, me laissant, souvenir de ce séjour, un poème*

When used as an adjective, the present participle agrees with the noun it modifies:

> *le charmant poète autrichien*
> *un mélange ravissant*
> *les feuilles rougissantes*
> *les arbres jaunissants*
> *une forme charmante*

Style

In *La Pèlerine* Maurois presents a conversation between two men, probably both writers. The scene is set with the words *demanda-t-il, dis-je* and, somewhat later, *répondit-il;* the only real reference to an action taking place during the conversation is found in the next-to-last paragraph. The reader learns little about the narrator (except that he once met Riesenthal); rather, he soon identifies with the narrator and listens attentively to the story about the cape. The reader shares the narrator's surprise in the final sentence of the denouement.

The conversation is related in written style, not the colloquial style used by Kessel. The sentences are delicate and flowing, as if the sentences themselves were impregnated with the *brume légère* that surrounded the stories of Riesenthal. Adjectives abound, frequently in pairs:

> *sa voix... étrange et comme voilée*
> *Riesenthal, frileux et fragile*
> *cet être unique et délicieux*
> *plus délicat et plus sensible*

Vers la composition libre

Compositions guidées

1. Faites le portrait de Riesenthal.

   MOTS CLEFS   poète / simplicité / mystère / voix / esprit / être humain

2. Décrivez le changement d'attitude de l'écrivain français.

   MOTS CLEFS   difficile / différent / amer / précis / transformé / confidentiel / tendre

Compositions libres

1. Décrivez une soirée d'automne.
2. Décrivez le pouvoir bienfaisant de la pèlerine.
3. Décrivez la personnalité d'Ingeborg.

Charles-Louis Philippe

Charles-Louis Philippe (1874–1909) earned his living as a civil servant in Paris but devoted his free time to writing. His novel Bubu de Montparnasse *(1901) still retains a wide appeal. His short stories, which often grew out of his personal experiences, center on simple subjects and humble people.* L'Allumette, *which was anthologized in* Contes du matin *(1916) after the author's premature death, lets the reader put himself in the position of a terrified tourist in a foreign hotel.*

l'allumette *f*   *match*

au cours de   pendant   la Suisse   *Switzerland*
se trouver = être
lancé   *here, engaged*
être mêlé   ici, être associé

les moyens *m*   *here, financial means*
il avait fait choix de = il avait choisi
la bonne tenue   *here, good* accommodations   la qualité   ici, la
   distinction
se sentir   *to feel*

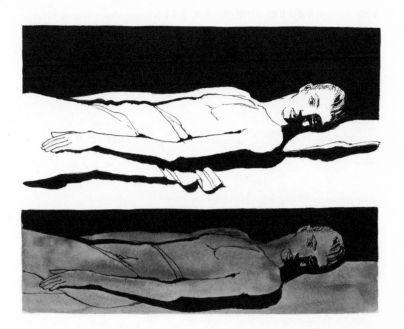

L'Allumette

Ce fut au cours d'un voyage en Suisse, à Zurich, le soir même de son arrivée, que Henri Létang, en trois secondes, se trouva lancé dans l'une des plus terribles aventures auxquelles un homme puisse être mêlé.

Henri Létang arriva à Zurich par un train du soir. Il se fit ⁵ conduire à son hôtel. Ayant les moyens de voyager dans d'excellentes conditions, il avait fait choix d'un de ces hôtels recommandés par les guides pour leur bonne tenue et pour la qualité des personnes qui les fréquentent. Il dîna sur place, puis, se sentant un peu fatigué par une journée de chemin de fer, monta à ¹⁰

quoique   *although*   avoir sommeil   *to be sleepy*

beaucoup d'autres   ici, beaucoup d'autres personnes   certes   *indeed*

le sentiment   *feeling*   s'émousser   *here, to weaken, fade away*
se satisfaire   ici, être satisfait

l'ampoule électrique *f*   *electric lightbulb*
déposer   poser, mettre, placer
l'étui de fumeur *m*   *cigarette case*   sortir   ici, prendre
cela lui suffisait = pour lui, cela était suffisant
allumer   *to light*   rejeter = jeter
l'inquiétude *f*   *feeling of uneasiness*   plutôt   *rather*
enflammé   allumé   la descente de lit   *bedside rug*
l'incendie *m*   *fire*   se pencher   *here, to lean over*

éteint   *put out*   chausser une pantoufle   *to put on a slipper*
écraser   *to crush (out)*   brutalement   brusquement
le geste   mouvement
avec netteté   distinctement   réuni   *here, close together*

étouffer   ici, éteindre
le cerveau   *brain*   apprécier   ici, comprendre   ce que lui ont
   indiqué nos yeux = ce que nos yeux lui ont indiqué
la pensée   *thought*   s'emparer de   ici, saisir
s'accomplir   *here, to happen*
se brûler   *to get burned*
éviter   *to avoid*
se dire   penser
mouiller   *to wet*

sa chambre et, quoique n'ayant pas sommeil, se coucha. Il avait
un bon lit.

Henri Létang ressemblait à beaucoup d'autres. Certes, il
était venu à Zurich pour visiter cette ville, et, avant d'y arriver,
se sentait même assez curieux de la connaître. Mais le soir où l'on   5
arrive dans une ville, le sentiment que l'on a pour elle s'émousse,
ou mieux, ayant le temps de se satisfaire, se repose et ne lui demande que d'être présente. Henri Létang était couché dans un lit
de Zurich, l'ampoule électrique qui éclairait sa chambre était
l'ampoule électrique d'une chambre de Zurich. Il avait déposé   10
son étui de fumeur sur sa table de nuit. Il en sortit une cigarette,
la mit à sa bouche ; il allait la fumer à Zurich. Cela lui suffisait.

Ayant allumé sa cigarette, il venait de rejeter son allumette,
lorsqu'il fut pris d'une inquiétude, ou plutôt d'un scrupule. Cette
allumette enflammée, tombant sur la descente de lit, ne pouvait-   15
elle pas provoquer un incendie ? Henri Létang se pencha ; il
avait eu raison de regarder : en effet, l'allumette n'était pas
éteinte encore. Il allait se lever et chausser sa pantoufle pour
l'écraser du pied, lorsque soudain, brutalement, il n'eut pas besoin
de faire ce geste.   20

Apparaissant avec netteté, possédant cinq doigts réunis, une
main cachée sous le lit en sortit, se leva, puis, s'abaissant, se posa
sur l'allumette et en étouffa la flamme.

Notre cerveau n'apprécie d'abord que ce que lui ont indiqué
nos yeux. La première pensée qui s'empara d'Henri Létang fut   25
relative à l'action même qu'il venait de voir s'accomplir. Lorsqu'on pose la main sur un objet enflammé, on risque de se brûler.
Comment avait pu faire le possesseur de la main pour éviter
cela ? Henri Létang se dit que, sans doute, cet homme s'était
mouillé les doigts avec sa salive.   30

le temps... qu'il lui fallut pour faire ce raisonnement   le temps
nécessaire à faire ce raisonnement   **s'écouler**   *to elapse*

lui vint cette pensée = cette pensée lui vint
tuer   *to kill*   **voler**   *to rob*
peser   *to weigh*
n'en put avoir aucune autre = ne put avoir aucune autre pensée
affreux, affreuse   *awful*
emplir   remplir

le coup   *blow*
s'éveiller   *to wake up*   **se rappeler**   se souvenir de

avaler   *to swallow*   **le goût**   *taste*   **atroce**   affreux
posséder   avoir   **la gorge**   *throat*

le cou   *neck*
supporter   tolérer
éveiller   *here, to arouse*   **craindre**   *to fear*

faire pivoter   *to turn*
lancer un coup d'œil   *to throw a glance*   **les meubles** *m*   *furniture*

l'armoire *f*   *wardrobe*
il faillit ne pas (remarquer)   *he almost did not (notice)*
le secours   *assistance, aid, help*
il fallut bien cinq minutes   *it took at least five minutes*
faire place à   *to give way to*   **le désespoir**   *despair*

C'est ensuite seulement, après que le temps fut écoulé, qu'il lui fallut, pour faire ce raisonnement, qu'Henri Létang put se dire :

— Un homme est sous mon lit !

Puis, lentement, mot à mot, lui vint cette pensée : 5

— Il attend que je sois endormi et me tuera pour me voler.

Lorsqu'il eut compris, pesé, touché en quelque sorte chacun des mots de cette pensée, Henri Létang n'en put avoir aucune autre. Toutes ses idées furent remplacées par un silence affreux qui, entrant soudain dans la chambre, l'emplit et en fut un habi- 10 tant plus terrible encore que celui qui, sous le lit, attendait son heure. Henri Létang le reçut comme on reçoit un coup sur la tête. Ce fut comme s'il s'éveillait d'un long sommeil. Il se rappela une chose que depuis longtemps il avait oubliée. Il se dit :

— Ah ! oui, c'est vrai, j'avais oublié que je dois mourir un 15 jour !

Et, lorsqu'il avala sa salive, il fut surpris par un goût atroce qu'elle possédait et qui sembla, pour jamais, se fixer dans sa gorge.

— Je vais être assassiné cette nuit !

C'était comme s'il eût eu dans le cou le goût déjà de son 20 propre cadavre. Il ne le pouvait supporter.

Parfois, doucement, pour ne pas éveiller l'attention, crai-gnant il ne savait quoi s'il eût fait du bruit, avec toutes les précau-tions dont il était capable, il faisait pivoter sa tête autour de son cou et, avidement, lançant un coup d'œil, regardait les meubles 25 de sa chambre. Il y avait un buffet qu'il ne reconnaissait pas, une armoire, une table, des fauteuils qu'il compta et qui étaient au nombre de quatre. Il faillit ne pas remarquer un canapé. Mais aucun meuble ne vint à son secours.

Il fallut bien cinq minutes avant que l'idée de la fatalité 30 pût faire place en lui à celle d'un violent désespoir. Mon Dieu,

arriver à   *to happen to*
il eût pu être   *he could have been*

bête   ici, étrange
la chambre à côté   *the next room*

faire une boulette   (*colloquial*) *to make a blunder*
se débattre   *to flounder*

se fût-il écrié   *he would have cried out*
le châtiment   *punishment*

l'étendue *f*   *here, extent*   la profondeur   *depth*
en vouloir à quelqu'un   *to be angry at someone*
le brigand   *robber*   vouloir du mal à quelqu'un   *here, to want
to hurt or to wrong someone*

avoir envie de   vouloir

se tromper   *to make a mistake*
c'est par besoin de   c'est parce qu'on a besoin de
embrasser   ici, prendre

pourquoi cela lui arrivait-il ? Pourquoi en ce moment était-il à
Zurich ? Il eût pu être, sans pour cela avoir interrompu son voyage en Suisse, à Bâle, à Genève, à Schaffouse,[1] qui sont des villes
dans lesquelles on ne court aucun danger. La vie est bête. Pourquoi était-il dans cette chambre ? Il eût pu être dans la chambre   5
à côté. Pourquoi surtout, avant de se coucher, n'avait-il pas eu
l'idée de donner un coup d'œil sous son lit ?

— Ah ! j'en ai fait une boulette ! se dit-il.

Il se débattit comme il le put. Tout d'abord, pour se défendre, il ne trouva que les tristes pensées de la créature humaine 10
que l'on va tuer par erreur.

— Mais je n'ai rien fait, se fût-il écrié, car l'idée de la mort
est en nous invinciblement associée à celle du châtiment.

Non, il n'avait rien fait. Il était innocent. Il sentait toute
l'étendue et toute la profondeur de son innocence. Et il était un   15
homme très bon. Il était si bon qu'il n'en voulait même pas au
brigand qui, caché sous son lit, lui voulait tant de mal. Il eût pu
pourtant lui en vouloir. Mais cet homme ne le connaissait donc
pas ! Il avait envie de lui crier :

— C'est moi, Henri Létang, que vous allez tuer ! Vous vous   20
trompez, ce ne sont pas des gens comme moi que l'on tue.

Il se sentait capable de devenir son ami. C'est par besoin
d'argent que l'on embrasse la profession du crime. Henri Létang
avait de l'argent. Il lui vint la pensée de dire à cet homme :

— Écoutez ! je sais que vous êtes sous mon lit. Ne me faites   25
pas de mal et je vous donnerai tout ce que je possède. Je vous
donnerai même davantage. Vous ne savez pas qui je suis, vous ne
savez pas de quoi je suis capable. Si tout ce que j'ai sur moi ne
vous suffit pas, écoutez encore. Je vous fais une promesse : je

---

[1] **Bâle, Genève, Schaffouse:** *three cities in Switzerland: Basel, Geneva, Schaffhausen.*

une fois là-bas = quand je serai là-bas   la somme   *sum of money*

étendu   *lying down*
de crainte   *for fear*   être reconnaissant   *to be grateful*

il se passa ce que l'on peut appeler un événement   *what may be
  called an event took place*
en être là de   *to be at that stage of*
s'attendre à   *to expect*

elle = la joie

couler   *to flow*

il s'en fallut de peu qu'il ne s'écriât   il s'écria presque

le dieu   *god*

régler   *here, to time*

arrêter   ici, choisir

se dire   ici, décider   la boule   *ball*   le cuivre   *brass*

se dresser sur son séant   *to sit up*

haut   *aloud*

seul   *alone*   de façon à   *in such a way as to*   se faire entendre
  to make oneself heard

bête   stupide   la clef   *key*

sauter à la gorge   *here, to assault*   l'autre = le brigand   féliciter   *to congratulate*
échapper   *to escape*
la serrure   *keyhole*

retournerai à Paris et, une fois là-bas, je vous enverrai la somme que vous-même voudrez bien me fixer.

Pauvre camarade étendu sous le lit ! Henri Létang n'osait pas lui en vouloir, de crainte d'éveiller sa colère. Il lui était même reconnaissant de ne faire aucun bruit et de n'avoir attiré son at- 5 tention que par ce geste silencieux d'une main posée sur une allumette.

Mais il se passa bientôt ce que l'on peut appeler un événement. Henri Létang en était là de ses réflexions lorsque, brusquement, au moment où il s'y attendait le moins, une joie 10 soudaine, irrésistible et chaude et bonne le saisit.

Il fut pris à la gorge, elle entra dans sa bouche, il la sentit couler, il en était plein. Il ne savait pas comment elle était venue. Il s'en fallut de peu qu'il ne s'écriât :

— Mon Dieu, je suis sauvé ! 15

Il prit bien son temps pour être plus sûr du succès, il régla chaque détail, il arrêta l'endroit précis où il poserait ses pieds. Il se dit même qu'il poserait sa main gauche sur la boule de cuivre de son lit. Tout était prêt, il n'y avait rien à craindre. Voici :

Henri Létang se dressa sur son séant et imita d'abord ces 20 personnes qui ont l'habitude de parler haut lorsqu'elles sont seules. Il parla pour lui-même, certes, mais de façon surtout à se faire entendre par tous les hommes qui eussent pu être cachés dans sa chambre. Il dit :

— Je suis bête, je crois bien que j'ai laissé ma clef sur la 25 porte.

Il se leva. Personne ne lui sauta à la gorge. L'autre se félicitait sans doute en pensant qu'il venait d'échapper à un danger. Il avait couru le risque de voir quelqu'un tourner la clef dans la serrure et entrer au moment où il accomplirait son crime. 30

se presser   *to hurry*

il s'agissait bien de sa clef   (*ironic*) *it was really a question of his key*

comme   *how*

au secours   *help!*   à l'assassin   *murder!*   accourez vite   venez vite

déjà que   et même

le gaillard   *fellow*   couché   étendu

pour faciliter aux gens leur tâche   pour faciliter la tâche des gens

frapper   *to hit*   le patron de l'hôtel   *hotel manager*

l'agent de police *m*   *policeman*   passer   ici, mettre   les menottes *f*   *handcuffs*

le chemin   *way*

Henri Létang ne se pressa pas, pour ne pas attirer l'attention. Il alla à la porte, l'ouvrit. Mon Dieu, il s'agissait bien de sa clef ! Comme il cria, comme sa voix était forte !

— Au secours ! A l'assassin ! Venez ! Accourez vite !

Dix personnes étaient autour de lui déjà qu'il criait encore. Il cria plus qu'il n'était nécessaire. 5

On trouva le gaillard couché sous le lit. Il fallut l'en sortir, car il ne fit pas un geste pour faciliter aux gens leur tâche. Lorsqu'il fut debout, il était pâle, avec deux yeux brillants. Des femmes le frappèrent. Le patron de l'hôtel ne l'avait jamais vu. 10 Les agents de police lui passèrent les menottes. Lorsqu'on l'eut entraîné, lorsqu'il fut sur le chemin de la prison, tout le monde tremblait encore.

❦ *Questions orales*

1. Où se passe l'histoire ?
2. Comment Henri Létang est-il venu à Zurich ?
3. Comment a-t-il choisi son hôtel ?
4. Est-il sorti dans un restaurant pour dîner?
5. Pourquoi est-il monté se coucher ?
6. Pourquoi Létang est-il venu à Zurich ?
7. Que fait-il dans sa chambre ?
8. Où tombe l'allumette ?
9. Pourquoi cherche-t-il son allumette ?
10. Comment l'allumette s'est-elle éteinte ?
11. Quelle est la première pensée de Létang ?
12. Comment l'homme a-t-il évité de se brûler ?
13. Quelle est la seconde pensée de Létang ?
14. Quelles doivent être les intentions de cet homme ?
15. Quelle sorte de silence entre dans la chambre ?
16. Quel goût possède maintenant sa salive ?
17. Que regarde Létang ?
18. Combien de fauteuils y a-t-il dans sa chambre ?
19. Les meubles viennent-ils à son secours ?
20. Pourquoi Létang dit-il que la vie est bête ?
21. A quoi associe-t-on l'idée de la mort ?
22. Qu'est-ce que Létang avait fait pour mériter la mort ?
23. Quels sont les sentiments de Létang à l'égard de l'homme sous le lit ?
24. Pourquoi embrasse-t-on la profession du crime ?
25. Quelle promesse Létang veut-il faire au brigand ?
26. Pourquoi ne parle-t-il pas au brigand ?
27. Pourquoi Létang est-il saisi de joie ?
28. Comment Létang prépare-t-il son projet ?
29. Que dit-il à haute voix ?
30. Pourquoi le brigand doit-il se féliciter ?
31. Pourquoi Létang ne se presse-t-il pas ?
32. Que crie-t-il quand il est à la porte ?

33. Les gens viennent-ils à son secours ?
34. Que font les agents de police ?
35. Quelle est la réaction générale après le départ du brigand ?

 Vers la lecture libre

Literary tenses

Contes du matin, in which this story first appeared, was published in 1916. That *L'Allumette* was written over fifty years ago is evident not only from certain references in the text (for example, the presence of an electric lightbulb in the hotel room is understood to be a sign of luxury) but also from the "literary" tenses that are no longer so widely used as in the nineteenth century.

The narrative is related as a past occurrence. Consequently, with the exception of the remarks Henri Létang makes to himself and some general observations of the narrator, the story is told with the *passé simple* (see Appendix I), the *passé antérieur,* and the pluperfect subjunctive.

The *passé antérieur* is formed with the *passé simple* of the auxiliary verb (**être** or **avoir**) and the past participle. It is used in dependent clauses introduced by a conjunction of time, such as **quand, lorsque, après que.** The *passé antérieur* expresses an isolated past action that has immediately preceded another past action (that of the main verb). Note the following examples:

C'est ensuite seulement, après que le temps fut écoulé...
Lorsqu'il eut compris, pesé, touché... chacun des mots...
Lorsqu'on l'eut entraîné...

The pluperfect subjunctive is formed with the imperfect subjunctive of **avoir** or **être** and the past participle. The third-person forms of the auxiliary are:

avoir:	il eût	ils eussent
être:	il fût	ils fussent

The pluperfect subjunctive is frequently used in cases where the spoken language would prefer the conditional perfect. Note the following examples:

Il eût pu être... à Bâle...   (Il aurait pu être à Bâle :   *He could have been in Basel.*)

Il eût pu être dans la chambre à côté...   (Il aurait pu être dans la chambre à côté : *He could have been in the room next door.*)

se fût-il écrié   (il se serait écrié : *he would have exclaimed*)

qui eussent pu être cachés   (qui auraient pu être cachés : *who could have been hidden*)

The pluperfect subjunctive appears in literary French in dependent clauses introduced by **si**; here, spoken French would prefer the pluperfect:

C'était comme s'il eût eu... le goût...   (C'était comme s'il avait eu le goût : *It was as if he had had the taste.*)

s'il eût fait du bruit...   (s'il avait fait du bruit : *if he had made any noise*)

Vers la composition libre

Compositions guidées

1. Décrivez l'évolution des sentiments éprouvés par Henri Létang.
2. Analysez la construction du conte : les parties de la narration, le point de vue, le rôle du narrateur.

Exercice stylistique

1. Racontez les événements du point de vue de l'homme qui était sous le lit.

Appendix I: Uses and Formation of Past Tenses in French

The four principal tenses used in French to indicate past action are the *imparfait* (imperfect), the *passé simple* (past definite), the *passé composé* (past indefinite), and the *plus-que-parfait* (pluperfect). These tenses have specific individual uses and generally cannot be used interchangeably.

 Uses

Imparfait

The *imparfait* is used

(1) to express a state or an action that continued in the past, without mention of beginning or end:

La voiture cellulaire montait *et* descendait *lentement la route glissante...* (Kessel)

(2) to describe the conditions, circumstances, and characters that make up the background for the story:

Le 25 mai 1877, entre neuf heures et dix heures du soir, Geneviève... terminait *la lecture d'un conte de Balzac.* (Guitry)
Il était *roux, sans grande distinction...* (Guitry)

(3) to indicate an action or a situation that occurred habitually in the past and has now ended:

Elle me disait *souvent : « Tu es bête. »* C'était *son mot, celui qu'elle* disait *en riant...* (Camus)

Passé simple

In contrast to the *imparfait,* the *passé simple* does not express continuity or simultaneity. This tense is used to relate specific facts or action completed at a given moment in the past, whether this moment is specifically described or merely implied in the context.

The *passé simple* is used primarily in the written language and occurs most commonly in the third person (**il, ils, elle, elles**). The selections presented in this book—most of them are typical of written style—make ample use of the *passé simple:*

La voiture cellulaire s'arrêta *devant une ferme isolée.* (Kessel)
Un homme entra... (Guitry)
*Quelques mois plus tard, j'*appris *sa mort.* (Maurois)

Passé composé

The *passé composé* often replaces the *passé simple* in conversation. Both tenses are used to express a specific event that was completed in the past at a given time and that has no connection with the present:

Je crois que j'ai bien souffert *quand je l'ai* perdue. (Camus)
Quand je suis allé *chercher les cachets pour dormir... j'ai* vu
le docteur. (Kessel)

The *passé composé* is also used to express a past action that took
place at an indefinite time and that has present consequences:

puisque nous avons commencé *à nous intéresser à lui, allons
jusqu'au bout.* (de Haan)
Vous m'avez trop bien montré *ce qu'elle était.* (Kessel)

❧ Formation of past tenses

This section reviews the formation of the past tenses of regular
verbs. The forms for irregular verbs occurring in this book are
presented in Appendix II.

The *imparfait* and the *passé simple*

These two simple tenses are formed by adding the appropriate
endings to the stem.

Verbs in **–er** (*first conjugation*) parler	Verbs in **–ir** (*second conjugation*) finir	Verbs in **–re** (*third conjugation*) vendre
IMPARFAIT		
je parl-ais	fin-iss-ais	vend-ais
tu parl-ais	fin-iss-ais	vend-ais
il parl-ait	fin-iss-ait	vend-ait
nous parl-ions	fin-iss-ions	vend-ions
vous parl-iez	fin-iss-iez	vend-iez
ils parl-aient	fin-iss-aient	vend-aient

PASSÉ SIMPLE

je	parl-ai	fin-is	vend-is
tu	parl-as	fin-is	vend-is
il	parl-a	fin-it	vend-it
nous	parl-âmes	fin-îmes	vend-îmes
vous	parl-âtes	fin-îtes	vend-îtes
ils	parl-èrent	fin-irent	vend-irent

The *passé composé* and the *plus-que-parfait*

The *passé composé* and the *plus-que-parfait* are formed with an auxiliary verb (**avoir** or **être**) and the past participle.

PASSÉ COMPOSÉ = present tense of **avoir** or present tense of **être** + past participle

j'ai
tu as
il a
nous avons
vous avez
ils ont
} parlé / fini / vendu

PLUS-QUE-PARFAIT = imparfait of **avoir** or imparfait of **être** + past participle

j'avais
tu avais
il avait
nous avions
vous aviez
ils avaient
} parlé / fini / vendu

For most verbs, the *passé composé* and the *plus-que-parfait* are formed with the auxiliary verb **avoir**. The verbs that are conjugated with the auxiliary **être** are

(1) all reflexive verbs:

se coucher (je me **suis** couché, tu t'**es** couché, etc.)

(2) certain frequent intransitive verbs, such as:

†aller	*monter	*rentrer
arriver	†mourir	rester
*descendre	†naître	*†sortir
†devenir	†partir	tomber
entrer	†parvenir	†venir
	*remonter	

† The past tense forms of these irregular verbs are given in Appendix II.

* **Avoir** is used as the auxiliary when these verbs are followed by a direct object (i.e., when they become transitive).

Appendix II: Past Tenses of Irregular Verbs

This appendix lists the third-person singular forms of the most common past tenses (*imparfait, passé simple,* and *passé composé*) of the irregular verbs that occur in the reading selections. The third-person singular is given because it is the form most frequently encountered in the selections.

	Imparfait	Passé simple	Passé composé
accourir	il accourait	il accourut	il est accouru
aller	il allait	il alla	il est allé
apercevoir	il apercevait	il aperçut	il a aperçu
appartenir	il appartenait	il appartint	il a appartenu
apprendre	il apprenait	il apprit	il a appris
s'asseoir	il s'asseyait	il s'assit	il s'est assis
atteindre	il atteignait	il atteignit	il a atteint

	Imparfait	Passé simple	Passé composé
avoir	il avait	il eut	il a eu
commettre	il commettait	il commit	il a commis
comprendre	il comprenait	il comprit	il a compris
concevoir	il concevait	il conçut	il a conçu
conclure	il concluait	il conclut	il a conclu
conduire	il conduisait	il conduisit	il a conduit
connaître	il connaissait	il connut	il a connu
consentir	il consentait	il consentit	il a consenti
convenir	il convenait	il convint	il a convenu
courir	il courait	il courut	il a couru
couvrir	il couvrait	il couvrit	il a couvert
craindre	il craignait	il craignit	il a craint
croire	il croyait	il crut	il a cru
débattre	il débattait	il débattit	il a débattu
déplaire	il déplaisait	il déplut	il a déplu
détruire	il détruisait	il détruisit	il a détruit
devenir	il devenait	il devint	il est devenu
devoir	il devait	il dut	il a dû
dire	il disait	il dit	il a dit
disparaître	il disparaissait	il disparut	il a disparu
dormir	il dormait	il dormit	il a dormi
écrire	il écrivait	il écrivit	il a écrit
endormir	il endormait	il endormit	il a endormi
entreprendre	il entreprenait	il entreprit	il a entrepris
éteindre	il éteignait	il éteignit	il a éteint
être	il était	il fut	il a été
faillir	———	il faillit	il a failli
faire	il faisait	il fit	il a fait
falloir	il fallait	il fallut	il a fallu
interrompre	il interrompait	il interrompit	il a interrompu
lire	il lisait	il lut	il a lu
mettre	il mettait	il mit	il a mis
mourir	il mourait	il mourut	il est mort
naître	il naissait	il naquit	il est né
offrir	il offrait	il offrit	il a offert
ouvrir	il ouvrait	il ouvrit	il a ouvert
paraître	il paraissait	il parut	il a paru
partir	il partait	il partit	il est parti
parvenir	il parvenait	il parvint	il est parvenu

	Imparfait	Passé simple	Passé composé
permettre	il permettait	il permit	il a permis
plaindre	il plaignait	il plaignit	il a plaint
pleuvoir	il pleuvait	il plut	il a plu
poursuivre	il poursuivait	il poursuivit	il a poursuivi
pouvoir	il pouvait	il put	il a pu
prendre	il prenait	il prit	il a pris
prévenir	il prévenait	il prévint	il a prévenu
promettre	il promettait	il promit	il a promis
recevoir	il recevait	il reçut	il a reçu
reconnaître	il reconnaissait	il reconnut	il a reconnu
recueillir	il recueillait	il recueillit	il a recueilli
réduire	il réduisait	il réduisit	il a réduit
rejoindre	il rejoignait	il rejoignit	il a rejoint
remettre	il remettait	il remit	il a remis
reprendre	il reprenait	il reprit	il a repris
résoudre	il résolvait	il résolut	il a résolu
ressentir	il ressentait	il ressentit	il a ressenti
revenir	il revenait	il revint	il est revenu
revoir	il revoyait	il revit	il a revu
rire	il riait	il rit	il a ri
satisfaire	il satisfaisait	il satisfit	il a satisfait
savoir	il savait	il sut	il a su
sentir	il sentait	il sentit	il a senti
servir	il servait	il servit	il a servi
souffrir	il souffrait	il souffrit	il a souffert
sourire	il souriait	il sourit	il a souri
soutenir	il soutenait	il soutint	il a soutenu
se souvenir	il se souvenait	il se souvint	il s'est souvenu
suffire	il suffisait	il suffit	il a suffi
suivre	il suivait	il suivit	il a suivi
surprendre	il surprenait	il surprit	il a surpris
se taire	il se taisait	il se tut	il s'est tu
tenir	il tenait	il tint	il a tenu
traduire	il traduisait	il traduisit	il a traduit
tressaillir	il tressaillait	il tressaillit	il a tressailli
venir	il venait	il vint	il est venu
vivre	il vivait	il vécut	il a vécu
voir	il voyait	il vit	il a vu
vouloir	il voulait	il voulut	il a voulu

Appendix III: Uses of the Subjunctive

This appendix explains the various uses of the subjunctive in the reading selections. The French subjunctive and the English subjunctive are not employed in the same contexts: whereas the subjunctive in English is becoming rather rare, the French subjunctive is still used frequently. Among the stories in this anthology, however, only *L'Allumette* contains many subjunctive forms.

In spoken French, the subjunctive is used mainly in instances where it is compulsory. In formal written French, however, the subjunctive may be introduced for special stylistic effects. In *L'Allumette,* Charles-Louis Philippe uses the pluperfect subjunctive where spoken style would have preferred the conditional. In this case, the subjunctive indicates that an action or event is within the realm of possibility.

✾ *Compulsory uses of the subjunctive*

The subjunctive occurs primarily in subordinate clauses of the following types:

(1) subordinate clauses introduced by **que**

(a) after verbs expressing will, order, and wish:

je tiens à ce que vous **appreniez...** (Kessel)

[Note: **tenir à** = to want.]

je ne voudrais pas qu'ils vous fussent *donnés par un autre...* (Guitry)

dites-lui que je lui en fais cadeau et qu'il en prenne *bien soin.* (de Haan)

[Note: In the first part of this sentence, **dites** means "tell" in the sense of conveying a message, but in the second part, it means "tell" in the sense of giving an order and is therefore followed by a subjunctive.]

(b) after verbs of opinion, doubt, and perception, especially when used interrogatively or negatively:

Que ça existe *et qu'il y* ait *un Dieu, je ne peux pas le comprendre.* (Kessel)

[Note: Normal word order = **Je ne peux pas comprendre que ça existe et qu'il y ait un Dieu.**]

Pourquoi ne pas supposer... que ce jeune homme eût *une âme romantique et que la faible lumière dansante de la bougie* fût *plus propre à lui apporter l'inspiration nécessaire ?* (de Haan)

Gerbier, les mains libres, mais debout, attendait que le commandant du camp lui adressât *la parole.* (Kessel)

J'attendais que la chose vienne *de toi.* (Kessel)

[Note: Here **attendre** means "to expect" and expresses uncertainty, hence the subjunctive.]

Il attend que je sois *endormi...* (Philippe)

    (c) after impersonal verbs or impersonal expressions denoting necessity, doubt, possibility, or negation:

il faut que vous partiez *d'ici.* (Kessel)
il faut que je vous dise *quelque chose.* (Kessel)
Il faut que je fasse *vite...* (Kessel)
Il n'y a que la foi qui sauve... (de Haan)

il suffit que je sois *triste et que je* rencontre... (Camus)
on aurait dit que la plume magique se fût *soudainement desséchée...* (de Haan)
Il est possible encore qu'il eût *lu les biographies...* (de Haan)
Il s'en fallut de peu qu'il ne s'écriât:... (Philippe)

    (d) before the principal clause for emphasis:

Et que Jeanne fût *reçue chez moi, que Maman l'*embrassât *et lui* dît... (Camus)

    (2) subordinate clauses introduced by certain conjunctive locutions expressing

        (a) purpose (**afin que, pour que, de sorte que, en sorte que**)

Eh bien, je peux faire en sorte que les gardiens soient *aveugles plus longtemps que ça...* (Kessel)
pour que je retrouve... *le visage de Jeanne...* (Camus)

        (b) time (**avant que, jusqu'à ce que**)

Il fallut bien cinq minutes avant que l'idée de la fatalité pût *faire place en lui à celle d'un violent désespoir.* (Philippe)
Il y a juste le temps pour une partie, avant qu'il fasse *nuit.* (Kessel)

        (c) concession (**bien que, quoique**)

Et, bien que je voie *clair en moi...* (Camus)

        (d) negation (**sans que**)

Geneviève... écoutait sans que tressaillît *un muscle de son visage.* (Guitry)
et sans qu'il s'en aperçût... (Kessel)

(3) relative clauses

(a) expressing a hypothesis, a possibility, or a doubt:

de façon surtout à se faire entendre par tous les hommes qui eussent *pu être cachés dans sa chambre.* (Philippe)

(b) following a superlative:

Henri Létang... se trouva lancé dans l'une des plus terribles aventures auxquelles un homme puisse être mêlé. (Philippe)

✿ *Sequence of tenses*

The tense of the subjunctive in the subordinate clause is determined by the tense of the verb in the principal clause. The following table presents a general picture of the sequence of tenses; there are exceptions however.

PRINCIPAL CLAUSE (indicative)	SUBORDINATE CLAUSE (subjunctive)
present, future	present (or *passé composé* if the action of the subordinate clause precedes that of the main clause)
past	*written style:* imperfect (or pluperfect if the action of the subordinate clause precedes that of the main clause) *spoken style:* present or *passé composé*
conditional	present
conditional perfect	*written style:* imperfect *spoken style:* present or *passé composé*

Vocabulary

The vocabulary contains all the words that appear in the text except the definite article, proper names, and exact cognates. Irregular noun plurals are listed, as are irregular feminine forms of adjectives.

à at, to
  à cause de because
s'abaisser to decline, decrease
abandonner to abandon, leave, give up, forget
abat-jour *m* shade
d'abord first, at first
abri *m* shelter

à l'abri sheltered
abriter to shelter, give shelter to
absolu absolute, complete
absurde stupid
accabler to overburden
  geste accablé *m* tired movement

accepter   to accept

accompagner   to accompany, escort

accomplir   to accomplish

   s'accomplir   to happen

accorder   to grant, give

   s'accorder (avec)   to be suited to

accourir   to rush

accoutumé   usual

   accoutumée: à l'accoutumée usually

s'accrocher (à)   to hold onto

achat *m*   purchase

acheter   to buy

achever   to terminate, end, finish

acte *m*   act

action *f*   action, act; fact

adjurer   to beg

admirablement   admirably

admirer   to admire

adresse *f*   address; skill

adresser   to address

   adresser la parole à   to speak to

affaire *f*   thing

   affaires *f pl*   business

affaissé   hollow

affirmer   to assert

affreux, affreuse   awful

affronter   to confront, face

afin de   in order to

agencer   to arrange

agent *m*

   agent de liaison   liaison officer

agent de police   policeman

agir   to act

   s'agir: il s'agit de   it is a question of

agiter   to stir

   s'agiter   to be restless; to be active, be in motion

aider   to help, assist

aigu, aiguë   sharp, acute, lean

ailleurs   elsewhere

aimer   to like, love

ainsi   thus

air *m*   look, air

   avoir l'air (de)   to look (like)

aise *f*   ease

   être à l'aise   to be comfortable

ajouter   to add

alimentation *f*   food

   feuille d'alimentation *f*   ration card

allée *f*   alley, path

Allemagne *f*   Germany

allemand   German

aller   to go

   aller mieux   to feel better

   aller porter   to carry

   aller prendre   to get

   je vais   I am going

   je vais faire   I am going to do

   je ne vais pas bien   I am not well

   qu'est-ce qui ne va point   what's wrong?

allonger   to extend, stretch

être allongé   to be lying down

s'allonger   to recline

allumer   to light

allumer la lumière   to turn the light on

allumette *f*   match

alors   then

altercation *f*   quarrel

amasser   to amass, collect

âme *f*   soul

aménager   to arrange, prepare

amener   to bring

amer, amère   bitter

ami *m*   friend

amiral *m*   admiral

amitié *f*   friendship

amonceler   to accumulate, gather

amour *m*   love

amoureux, amoureuse   in love

devenir amoureux   to fall in love

ampoule *f*   lightbulb

amusé   amused

an *m*   year

j'ai vingt ans   I am twenty years old

ancien, ancienne   old, ancient; former

angélique   angelic

anglais   English

angoisse *f*   distress

s'animer   to get excited

antiquaire *m*   antique dealer

apaiser   to calm, appease

apercevoir   to see, notice

s'apercevoir   to realize

appartement *m*   apartment

appartenir   to belong

appel *m*   appeal; roll call

faire l'appel   to call the roll

s'appeler   to be called

je m'appelle   my name is

applique *f*   a light attached to a wall

apporter   to bring

apprécier   to appreciate, understand

apprendre   to teach; to learn

s'apprivoiser   to get sociable

approcher   to approach, come near

appuyer   to insist

s'appuyer   to lean

après   after

d'après   according to

après-midi *m*   afternoon

aquilin   aquiline, hooked

arbre *m*   tree

arc-en-ciel *m*   rainbow

arête de poisson *f*   fish bone

argent *m*   silver; money

moyens d'argent *m pl*   financial means

arme *f*   weapon

armoire *f*   wardrobe

arpenter   to stride up and down

arracher   to pull away

arranger   to fix

arrêt *m*   stop

tomber en arrêt   to stop

arrêter   to decide upon; to arrest; to stop

s'arrêter   to stop
arrière: en arrière   backward
arrivant *m*   comer
arrivée *f*   arrival
arriver   to arrive
 il arrive que   it happens that
 il lui arrive de   he happens
  to
 je n'arrive pas à   I cannot
assassin *m*   murderer
 à l'assassin   murder!
assassiner   to murder
s'asseoir   to sit down
 assis à la turque   squatting
 être assis   to be seated
assez   enough; rather
assiette *f*   plate
associer   to associate, connect
assommer   to stun, make dizzy
assurer   to assure; to assert; to
 fix securely; to insure
 à ce qu'on assure   according
  to what people say
atelier *m*   workshop
atroce   awful
attache *f*   link, bond
atteindre   to reach
attendre   to wait, wait for
 s'attendre   to expect
attendrir   to touch
attente *f*   waiting
attention *f*
 faire attention à   to take
  care of
 regarder avec attention   to
  stare at

attentivement   attentively,
 carefully
attirer   to attract
aucun   no, none
aujourd'hui   today
auprès de   close to, next to,
 near
auquel, à laquelle, auxquels,
 auxquelles   at which, to
 which
ausculter   to sound with a
 stethoscope
aussi   also; as
 aussi longtemps que   as
  long as
 aussi modeste soit-il   however simple he is
 aussi... que   as much . . . as,
  as . . . as
autant   as much . . . as
 d'autant plus... que   all the
  more . . . because
auteur *m*   author
automne *m*   fall
autorité *f*   authority
autour (de)   around
autre   other
 de temps à autre   from time
  to time
 un autre   another
autrefois   a long time ago
 d'autrefois   bygone, past, of
  the old days
autrement   otherwise, in another manner
autrichien, autrichienne
 Austrian

avaler   to swallow

avance *f*   advance

  à l'avance   ahead of time

s'avancer   to step forward

avant   before

  avant-hier   the day before yesterday

  en avant   ahead, forward

avec   with

avenant   pleasing

  mine avenante *f*   pleasing expression

aventure *f*   adventure

aveugle   blind

avidement   avidly; promptly

avoir   to have

  avoir besoin de   to need

  avoir de la chance   to be lucky

  avoir envie de   to want, desire

  avoir hâte   to be in a hurry

  avoir l'air (de)   to look (like)

  avoir l'habitude de   to be used to

  avoir peur   to be afraid

  avoir raison   to be right

  avoir sommeil   to be sleepy

avril *m*   April

baigner   to bathe

bain *m*   bath

baïonnette *f*   bayonet

baiser *m*   kiss

baisser   to lower

balbutier   to stammer

banquette *f*   bench

baraque *f*   hut, shack

barbelé *m*   barbed wire

bas, basse   low

bâtiment *m*   building

battant *m*   side (of a door)

battement *m*   beat

  battement de cœur   heartbeat

baver   to dribble

  l'encre bave   the ink runs

beau (bel), belle   beautiful, pretty, fine, nice

  le temps s'établit au beau   fine weather came

beaucoup (de)   much, many

beauté *f*   beauty

bercer   to lull, soothe

besogne *f*   work

besoin *m*   need, want

  avoir besoin de   to need

bête   stupid, silly, crazy

bibelot *m*   knick-knack

bien   well

  bien au contraire   quite on the contrary

  bien des   many

  bien entendu   of course

  bien loin   very far

  bien plus   much more, many more

  je vois bien   I realize

  on est bien   one feels comfortable

  se porter bien   to be well

bienfaisant   beneficial, salutary

biens *m pl*   goods

bientôt   soon
biographie *f*   biography
blafard   pale
blanc, blanche   white
bleu   blue
bloc *m*   block
se blottir   to huddle
bois *m*   wood
bon, bonne   good
   bon sens *m*   common sense
   de bonne heure   early
bonheur *m*   happiness
bonhomie *f*   good nature
bonté *f*   kindness
border   to trim
borné   limited, simple
bouche *f*   mouth
bouchée *f*   mouthful
   bouchée au chocolat   chocolate candy
boucler   to curl
bougie *f*   candle
boulanger *m*   baker
boule *f*   ball
   avoir le cœur en boule   to have one's stomach in a knot
boulette *f*   blunder
bourgeois *m*   middle-class man
bourgeron *m*   jacket, smock
bout *m*   end, bit
   au bout de   after, at the end of
   avoir les nerfs à bout   to be on edge
boutique *f*   shop
bras *m*   arm

bref   in short
brillant   shiny
briller   to glitter, shine
broche *f*   pin
bruine *f*   drizzling rain
bruit *m*   noise
brûler   to burn
brume *f*   mist
brun   brown
brusque   blunt, sudden
brusquement   brusquely, suddenly, abruptly
brusquerie *f*   abruptness, suddenness
brutal: lumière brutale *f*   harsh light
brutalement   suddenly
bruyant   noisy
bure *f*   rough serge
but *m*   goal

ça   that
cabalistique   cabalistic, conspiratorial
cabinets *m pl*   toilet
cacher   to hide
cachet *m*   pill
cadavre *m*   corpse
cadeau *m*   gift
   faire cadeau de   to give
calcul *m*   calculation, selfish motive
calme *m*   calmness
se calmer   to calm down
camarade *m*   comrade
camion *m*   truck

campagne *f* country, country-
side

capter to catch

captivité: compagnon de captivité *m* fellow prisoner

car because

caractère *m* character, type,
print

caresse *f* endearment, caress

carré *m* square

carrément squarely, straight-
forwardly

carte *f* card; membership
carte d'alimentation ra-
tion card
carte de visite calling card

carton *m* cardboard

cas *m* case

casserole *f* pan

cause: à cause de because

causer to result in, cause; to
talk

cave hollow

cave *f* cellar

caverne *f* cave

ce (cet), cette this, that

ceinture *f* belt

cela this, that

cellulaire: voiture cellulaire *f*
police wagon

cellule *f* cell

celui-ci, celle-ci this one; the
latter

celui de, celle de that of

celui qui the one who

cent hundred

centième hundredth

centrale électrique *f* power
plant

centre *m* center

cependant however

cerner to surround

certain some, certain

certes certainly, indeed

cerveau *m* brain, mind

ces *pl* these, those

cesse *f* cease
sans cesse unceasingly, always

ceux *pl* these, those

chagrin *m* grief, sorrow

chair *f* flesh

chaleur *f* heat

chambre *f* room
femme de chambre *f*
chambermaid

chambrée *f* barrack room

champ *m* field

chance *f* luck, chance
avoir de la chance to be
lucky
n'avoir pas de chance to
be unlucky
une vraie chance a real
piece of luck

changement *m* change

chantonner to hum a tune

chaque every, each

charge *f* burden
être à la charge de to be a
burden to

charger to load

charmant delightful, charming

charme *m* charm

chasse *f*   hunt, hunting
château *m*   castle
châtiment *m*   punishment
chaud   warm, hot
chaussée   pavement, highway
  ingénieur des ponts et
    chaussées *m*   civil engi-
    neer
chausser   to put shoes on
chaussure *f*   shoe
chef *m*   chief
chemin *m*   road
  chemin de fer   railroad
  chemin de ronde   patrolled
    path
  chemin de traverse   cross
    road
cheminée *f*   chimney, mantel-
    piece
cheminer   to walk
cheminot *m*   railroad worker
cher, chère   dear; expensive,
    precious
chercher   to try; to look for
  aller chercher   to get
  chercher à tâtons   to grope
    for
cheveu *m*   hair
chez   at, to, in; with, among
  chez moi   at my house
chien *m*   dog
chiffon *m*   rag
chiffré   coded
chimique   chemical
chimiste: expert chimiste *m*
    certified chemist
chinois   Chinese

choc *m*   shock
choisir   to choose, select
choix *m*   choice
  faire choix   to choose
chose *f*   thing
chuchoter   to whisper
chuintement *m*   wheezing
ciel *m*   sky
cinq   five
cinquante   fifty
civil   civilian
clair   light-colored; clear,
    clearly
clarté *f*   brightness
clé *f*   key
cœur *m*   heart
  avoir le cœur en boule   to
    have one's stomach in a
    knot
  cela me tourne le cœur   it
    makes me sick
cogner   to thump, beat
coin *m*   corner
colère *f*   anger
colis *m*   parcel
collectionneur *m*   collector
collègue *m*   colleague
coller   to stick together
colline *f*   hill
combat *m*   fight
combattant *m*   fighter
combien (de)   how much, how
    many
  combien de temps   how
    long
commandant *m*   commanding
    officer

commandement *m* command
   poste de commandement *m*
      command station
commander to command
comme how; as, like
   comme si as if
commencement *m* beginning
commencer to begin, start
comment how
commenter to comment on
commettre to commit
commode easy
commun common, ordinary
communication *f* communication, message
commutateur *m* lightswitch
compact dense, solid
compagnon *m* companion,
   comrade
complet, complète complete
complètement completely
complice friendly
complice *m* accomplice
comportement *m* behavior
se comporter to behave, act
composer to compose, make
   up, create
compositeur *m* composer
comprendre to understand,
   realize
comprimer to compress
compte *m* account
   se rendre compte to realize
compter to reckon, count
comte *m* count
concentrer to focus

concevoir to conceive, think
   out
concilier to conciliate, recon-
   cile
conclure to conclude
conducteur *m* driver
conduire to take, lead; to
   drive
   se conduire to behave
   se conduire mal to misbe-
      have
conduite *f* behavior
confiance *f* confidence
   avoir confiance en soi to
      be self-confident
confidentiel, confidentielle
      confidential, prone to con-
      fidences
confier to entrust, tell in con-
      fidence
confondu confused
confortablement comfortably
confus confused
confusément confusedly
congé *m* leave
   prendre congé de to leave,
      say good-by
connaissance *f* acquaintance
   faire la connaissance de to
      meet
connaître to know
   faire connaître to intro-
      duce
consacrer to devote
conseiller to advise
consentir to consent, accept,
   agree

considérer to consider, look at

consistance *f* consistency; firmness

consoler to console, comfort

se consolider to consolidate
  se consolider la santé to build up one's health

consommé consummate, superior

constater to remark

consulter to consult, read, refer to

conte *m* short story, tale
  conte de fée fairy tale

contempler to contemplate, stare at

content happy

continuer to continue, keep on

se contracter to contract, become contracted

contraint forced, obliged

contraire contrary
  au contraire on the contrary

contraste *m* contrast

contre against

contrebandier *m* smuggler

contribuer to contribute

convenir to agree upon

converser to talk

copain *m* comrade

cordialité *f* cordiality

corps *m* body

corriger to correct

côté *m* side; rib
  à côté de next to

la chambre à côté the room next door

côteau *m* slope

cou *m* neck

couché lying down
  être couché to be lying down

se coucher to go to bed

coude *m* elbow

couler to cast; to flow
  se couler to slide

couleur *f* color

couloir *m* corridor

coup *m* stroke
  coup de sonnette ringing of a bell
  coup d'œil glance
  coup sur coup one after the other
  d'un coup at once
  d'un seul coup all of a sudden
  tout à coup suddenly

cour *f* courtyard

courant *m* current
  panne de courant *f* power failure

courbe *f* curve

courir to run

cours *m* course
  au cours de during

court-circuit *m* short circuit

coutume *f* custom
  de coutume usually

couverture *f* blanket

couvrir to cover

craindre to fear

crainte *f* fear

de crainte de for fear of

craquant cracking, coming apart

créer to create

crépuscule *m* twilight

creux, creuse hollow

cri *m* cry, clamor, scream

crier to scream, cry, exclaim

croche *f* eighth note

crocheter to pick (a lock)

croire to believe

il se croyait fort he believed he was strong

croûte *f* crust

cru raw; harsh

cruauté *f* cruelty

cuisse *f* thigh

cuivre *m* copper

culture physique *f* physical exercises

curieux, curieuse curious, strange

dalle *f* paving stone

dangereux, dangereuse dangerous

dans in

danser to dance

davantage more

de of, from, about

se débattre to flounder

debout standing up

se débrouiller to manage

début *m* beginning

décembre *m* December

déchirer to tear

se déchirer to get scratched

déclencher to set in motion

décliner to decline

découvrir to discover

défaillant faltering

défaut *m* default, flaw, break

se défendre to defend oneself

défenses *f pl* the defense system

dégoût *m* disgust

dehors outside

déjà already

déjeuner to eat lunch

déjeuner *m* lunch

délabré shattered; sick

délicat delicate, refined

délicieux, délicieuse delicious; pleasant, delightful

délier to untie

se lier et se délier to interlace

délire *m* delirium

délirer to be delirious

demain tomorrow

demander to ask

se demander to wonder

demeuré retarded, stupid

demeurer to stay, remain

demi half

à demi halfway

demi-heure *f* half hour

dénoncer to denounce

dénonciateur *m* informer

dénonciation *f* denunciation

dent *f* tooth

départ *m* departure

se dépêcher to hurry

déplaire   to displease
déposer   to put down, lay aside
depuis   since
  depuis longtemps   for a long time, a long time ago
déranger   to disturb
dernier, dernière   last
derrière   behind
dès   from, since
  dès que   as soon as
descendre   to go down
descente de lit *f*   bedside rug
déserter   to leave
désespoir *m*   despair
déshonorer   to disgrace
désir *m*   wish
désolé   sorry
se dessécher   to become dry
dessin *m*   pattern
destiné (à)   used (for)
destiner   to destine, send
détention *f*   possession
détenu *m*   prisoner
détester   to hate
détours *m pl*   nooks and crannies
détruire   to destroy
dette *f*   debt
  régler une dette   to settle a debt
deux   two
  tous les deux   both
devant   in front of
devanture *f*   store window
devenir   to become
deviner   to guess
devoir   to owe; to have to

il ne doit pas y en avoir beaucoup   there must not be many
je dois   I have to, I must, I ought to
tu as dû   you must have
devoir *m*   duty
diable *m*   devil
  à la diable   rapidly and carelessly
diapason *m*   tone
Dieu *m*   God
  grands dieux   good heavens!
  mon Dieu   Lord
difficile   difficult
difficilement   with difficulty
digne   worthy
dignité *f*   dignity
digue *f*   dike
dîner   to have dinner
dîner *m*   dinner
dire   to say
  on eût dit   one would have thought, it seemed that
  se dire   to say to oneself, think
diriger   to direct
  se diriger vers   to go in the direction of
discerner   to distinguish, see
disgracier   to disgrace
  disgracié par la nature   ugly
disjoint   disjointed
disparaître   to disappear
disposition *f*   inclination; disposal

mettre à la disposition to give

dissimuler to hide

distant distant, aloof

attitude distante *f* aloofness

distinction *f* distinction, elegance

distingué distinguished

divers diverse, different

dix ten

dix-huit eighteen

dizaine *f* ten

docteur *m* doctor

doigt *m* finger

dominer to control

donc then, therefore; of course

donner to give

dont of which, whose

doré gilded

dormir to sleep

dos *m* back

doublé *m* sixteenth note

doubler to double

doucement softly

douceur *f* sweetness, gentleness

douloureux, douloureuse sorrowful

doute *m* doubt

sans doute probably

douter to doubt

doux, douce sweet; soft; easy

douze twelve

se dresser to stand up, stand erect, sit up

droit straight; right

droit *m* right

drôle funny

la drôle de guerre the "phony war"

duquel, de laquelle, desquels, desquelles of whom, of which

dur tough, hard

durée *f* duration

durement hard, harshly

dysenterie *f* dysentery

eau *f* water

échanger to exchange

échapper to escape

échine *f* backbone, back

éclair *m* lightning

éclaircir to clear up

s'éclaircir la gorge to clear one's throat

éclairer to light, give light to

éclat *m* glittering

éclater to burst out

économies *f pl* savings

faire des économies to save money

s'écouler to elapse, pass

écoute: réseau d'écoute *m* monitoring network

écouter to listen to

s'écrier to exclaim, cry out

écrire to write

écrivain *m* writer

éculé down at the heel

éditeur *m* publisher

effacer to efface, rub out

s'effacer to disappear
effet: en effet in fact, indeed;
   in effect
égal equal
   cela m'est égal it is all the
   same to me
eh oh! well!
   eh oui well!
électricien *m* electrician
électricité *f* electricity
électrique electrical
   centrale électrique *f* power
   plant
électrogène: groupe électrogène *m* dynamo
élever to raise
   s'élever to rise
elle-même herself, itself
   d'elles-même by themselves
éloigné far (away)
s'éloigner to go away
émaner to emanate
embrasser to kiss
   embrasser la profession to
   take up the profession
s'émousser to get dull, weaken
s'emparer de to take hold of
empêcher to prevent
   s'empêcher de to abstain
   from
empire *m* control
emplette *f* purchase
emplir to fill
employeur *m* employer, boss
emporter to take, carry away
emprisonner to confine
en in; at

en même temps at the same
   time
en of him, of her, of it, from
   him, by him, etc.; some of
   it, any of it
   en être là de to be at that
   stage of
   en vouloir à to be angry at
   il s'en faut de peu qu'il
   vienne he is almost coming
enchaîner to bind in chains
enchanté enchanted
encombrer to crowd; to be a
   burden to
encore still, yet; again
encre *f* ink
s'endormir to fall asleep
endroit *m* space, spot
enfant *m* child
enfermer to lock up
enfiler to slip on
enfin at last, after all
enflammé on fire, hot, in
   flames
enflammer to kindle, light, inflame
enfouir to bury
s'engager (dans) to turn into;
   to get involved in
enivrer to inebriate
enlever to take off
ennemi *m* enemy, foe
énorme huge
enseigner to teach
ensemble together
ensuite then, after

entamer   to break, make an incision

entendre   to hear; to understand

   bien entendu   of course

   se faire entendre   to make oneself understood

s'entêter (à)   to persist (in)

entier, entière   whole

entièrement   entirely

entourer   to surround

entraîner   to carry away

entre   between

entrée *f*   entrance

entreprendre   to undertake

entrer   to enter, come in

   faire entrer   to show in

entretien *m*   talk

enveloppe *f*   envelope

envelopper   to wrap

   s'envelopper   to wrap oneself

envie *f*   desire

   avoir envie de   to want, desire

envoyer   to send

épaisseur *f*   thickness

épargner   to spare

épaule *f*   shoulder

   hausser les épaules   to shrug one's shoulders

époque *f*   time

   à l'époque   at the time

épris (de)   in love with

éprouver   to feel; to test

épuiser   to wear out, exhaust

équipe *f*   team

erreur *f*   error, mistake

esclave *m*   slave

s'espacer   to become less frequent

espérer   to hope

espion *m*   spy

espoir *m*   hope

esprit *m*   spirit, mind

essayer   to try

et   and

établir   to establish

   le temps s'établit au beau   fine weather came

   s'établir   to settle

établissement *m*   establishment

étaler   to spread

état *m*   state, condition

état-major *m*   staff

éteindre   to extinguish, put out

étendre   to spread

   étendu   lying down

   s'étendre   to lay oneself down, lie down

étendue *f*   extent

étoffe *f*   material

étoile *f*   star

étonnement *m*   surprise

étouffer   to stifle, extinguish, choke

   voix étouffée *f*   muffled voice

étrange   strange

étranger, étrangère   foreign

   à l'étranger   abroad

être   to be

en être là de   to be at that stage of

être en train de faire   to be (busy at) doing

être *m*   being

étroit   narrow, tight

tendresse étroite *f*   close togetherness

étudiant *m*   student

étudier   to study, investigate

étui *m*   case

étui de fumeur   cigarette case

eux   they, them

s'évader   to escape

éveiller   to arouse

événement *m*   event

évidemment   evidently; of course!

éviter   to avoid

examiner   to examine, inspect

excès *m*   excess

excuser   to excuse

s'excuser   to apologize

exemple *m*   example

par exemple   for instance

exercice *m*   exercise

exister   to exist, be

expert chimiste *m*   certified chemist

explication *f*   explanation

expliquer   to explain

exposer   to expose, exhibit

s'exposer   to be exposed

exsangue   bloodless

figure exsangue *f*   very pale face

exténué   worn out, very tired

extérieur *m*   outside

fa: clé de fa *f*   key of F

fabriquer   to prepare, manufacture

fabuleux, fabuleuse   fabulous, out of this world

face *f*

en face de   in front of, opposite

faire face   to face

fâché   angry

facilement   easily

faciliter   to facilitate, make easy

façon *f*   way, manner

de façon à   in order to

faible   weak, dim

faillir   to fail

il faillit ne pas remarquer   he almost did not notice

faim *f*   hunger

faire   to do, make

faire attention à   to take care of

faire cadeau de   to give

faire connaître   to introduce

faire de la peine   to hurt

faire des économies   to save money

faire du mal   to hurt

faire en sorte que   to manage so that

faire entrer   to show in

faire face   to face

faire fonction de   to act as

faire l'appel   to call the roll

faire la connaissance   to meet

faire la route   to go the distance

faire naître   to give birth to, inspire

faire pivoter   to turn

faire place à   to make room for, give way to

faire semblant   to pretend

faire voir   to show

il fait nuit   it is dark

rien n'y fait   nothing can be done, it does not matter

se faire   to occur

se faire annoncer   to present oneself

se faire une opinion   to form an opinion

fait *m*   fact

tout à fait   quite

falloir   to be necessary

il faut   it is necessary, one must, one has to

il me faut   I need

fameux, fameuse   celebrated, well known

familial   of the family

familier, familière   familiar

famille *f*   family

fanatique   fanatical

fantôme *m*   ghost, phantom, specter

fastidieux, fastidieuse   tedious, dull

fatalité *f*   fatality

fatiguer   to tire

faubourg *m*   suburb

fauteuil *m*   armchair

fauteuil de style   period armchair

faux, fausse   false

fée *f*   fairy

conte de fée *m*   fairy tale

féliciter   to congratulate

femme *f*   woman; wife

femme de chambre   chambermaid

femme de ménage   cleaning lady

fenêtre *f*   window

fente *f*   gap, opening

fer *m*   iron

chemin de fer *m*   railroad

ferme *f*   farm

fermer   to close

fête *f*   feast, holiday

feu *m*   fire, light

sans feu ni lieu   without hearth or home

feuille *f*   leaf, sheet

feuille d'alimentation   ration card

feuillet *m*   sheet

février *m*   February

fiancé   engaged

fièvre *f*   fever

figure *f*   face

fil *m*   thread

fil lumineux   thread of light

fille *f*   daughter; girl

fille publique   prostitute

fils *m*   son
fin   thin, fine; delicate
fin *f*   end
finir   to finish
fixement   fixedly
  regarder fixement   to stare at
se fixer   to be fixed; to settle
flairer   to nose around
flamme *f*   flame
flanc *m*   flank, side
flasque   flabby
fleur *f*   flower
flocon *m*   flake
  flocon de neige   snowflake
flotter   to hover
foi *f*   faith
fois *f*   time
  à la fois   both, at the same time
  une fois là-bas   once there
folie *f*   madness
foncé   dark
fonction *f*   function, office
  faire fonction de   to act as
fond *m*   bottom, back, lowest part
  au fond de   in the back of
fondre   to melt
  se fondre   to merge into
force *f*   strength, power
  à force de   as a result of
  ligne de force *f*   power line
  reprendre ses forces   to recover one's strength
forcer   to oblige, force
  je suis forcé de   I have to

se forcer   to force oneself
forme *f*   shape
former   to shape, form
fort   strong, strongly
  fort peu de   almost no
  très fort   very hard
fou (fol), folle   crazy
fouiner   to nose around
fourberie *f*   deceit
fournisseur *m*   supplier
fourrer   to put
fraîcheur *f*   coolness, chill
frais, fraîche   cool; fresh; blooming
franc, franche   frank, sincere; clear
français   French
franchir   to pass
frapper   to hit, strike
fréquenter   to frequent
frileux, frileuse   sensitive to cold
froid   cold
froideur *f*   coolness
front *m*   forehead
frotter   to rub
fructifier   to thrive
fumée *f*   smoke
fumer   to smoke
fumeur *m*   smoker
  étui de fumeur *m*   cigarette case
fureur *f*   furor
  avec fureur   angrily
furtif, furtive   furtive, secret
fusiller   to shoot down

gagner to win, earn
  gagner sa vie to earn one's living
gaillard *m* fellow
gaîment cheerfully
gamelle *f* aluminum dish
garde-magasin *m* warehouse keeper
garder to keep, maintain; to watch over, guard
gardien *m* guard
gauche left
gaulliste pro-Gaullist
gémir to groan, complain
gémissement *m* moan
gendarme *m* policeman
gêné embarrassed
génie *m* genius
gens *m pl* people
gentil, gentille nice
geste *m* gesture, movement
gigantesque huge, gigantic
gîte *m* shelter
glacé frozen, chilly
glissant slippery
glisser to slip
  glisser au sommeil to fall asleep
gonfler to swell
gorge *f* throat
  sauter à la gorge de to assault
  s'éclaircir la gorge to clear one's throat
gosse *m* kid
gourmandise *f* gluttony
goût *m* taste, style

grabat *m* straw mattress
grâce *f* gracefulness, elegance
gracieux, gracieuse pretty
grand great; big, large; tall
  au grand jour in broad daylight
  sa grande jeunesse his extreme youth
  sans grande distinction without much distinction
grandeur *f* size
grandir to grow, grow larger
grange *f* barn
grave serious
grêle thin
  gémissement grêle *m* faint and high-pitched moan
grelotter to shiver
grenier *m* attic
griffoner to scribble
grillagé grilled
grimoire *m* book of spells
gris gray
gros, grosse big, fat
groupe *m* group
  groupe électrogène dynamo
guère hardly
guerre *f* war
guide *m* guidebook

habillé dressed
habitant *m* inhabitant, resident
habiter to live, inhabit
habitude *f* habit

avoir l'habitude de   to be used to
habituel, habituelle   usual
s'habituer   to get used to
haine *f*   hatred
hameau *m*   hamlet
harmonieux, harmonieuse   well proportioned
hasard *m*   chance
hâte *f*   haste
   avoir hâte   to be in a hurry
hausser   to raise
   hausser les épaules   to shrug one's shoulders
haut   loud; high
   parler haut   to talk aloud
   tout au haut   at the very top
haut-le-corps *m*   start
   avoir un haut-le-corps   to start
hébété   dazed, without expression
hélas   alas! unfortunately!
herbe *f*   grass
herbeux, herbeuse   grassy
hésiter   to hesitate
heure *f*   hour, time
   à l'heure de midi   at twelve noon
   de bonne heure   early
   il y a une heure   one hour ago
   tout à l'heure   in a few moments
se heurter (à)   to bump (into)
hideux, hideuse   hideous
hier   yesterday

histoire *f*   story
hiver *m*   winter
hocher la tête   to shake one's head
homme *m*   man
honneur *m*   honor
honte *f*   shame
   avoir honte   to be ashamed
hôpital *m*   hospital
   cette humanité d'hôpital *f*   those sick men
hoquet *m*   hiccup
horlogerie: mécanisme d'horlogerie *m*   clockwork
hostilité *f*   enmity
hôte *m*   host; guest
humain   human
humanité *f*   mankind
humblement   humbly
humidité *f*   humidity
hurler   to scream
hydrophile: ouate hydrophile *f*   cotton

ici   here
idée *f*   idea
identité *f*   identity
ignorant   unskilled
ignorer   to be ignorant of
illégal: homme illégal *m*   outlaw
il y a   there is, there are; ago
imaginer   to imagine, realize
   s'imaginer   to realize
imbécile *m*   fool
imiter   to imitate

impératif imperative, imperious

importer to matter
qu'importe what does it matter?

imprécis indefinite

impression: avoir l'impression que to believe that

imprimer to print

impuissant powerless

inaccessible inaccessible; impervious (to)

inaltérable unchangeable

inanimé inanimate

incendie *m* fire

inconnu unknown

inconscient unconscious, unpremeditated

incroyablement unbelievably

index *m* index finger

indiquer to indicate, point out

indiscret, indiscrète indiscreet

inégal uneven, unequal

inexprimable inexpressible

infiniment extremely

infirmerie *f* infirmary

ingénieur *m* engineer
ingénieur des ponts et chaussées civil engineer

inhabité uninhabited

inintéressant uninteresting

innombrable innumerable, countless

inquiétude *f* feeling of uneasiness

inspirer to inspire

installer to install, set up

instant *m* instant, moment

instituteur *m* elementary-school teacher

intelligence *f* cleverness

intéresser to interest, inspire with interest
s'intéresser à to take an interest in

intérêt *m* interest

intérieur *m* inside of an apartment; inside, internal, inner, inward
à l'intérieur de inside

interlocuteur *m* interlocutor

interrompre to interrupt, cut out
s'interrompre to stop

intervalle *m* interval
à quelques minutes d'intervalle within a few minutes

intime intimate

inusité unusual

invinciblement invincibly; necessarily

invraisemblance *f* lack of realism

ironie *f* irony

ironique ironical

isolé isolated, lonely

Italie *f* Italy

jadis long ago

jaillir to spring
des fleurs jaillissent flowers blossom

jalousie *f* jealousy
jaloux, jalouse jealous
jamais ever
  ne... jamais never
jambe *f* leg
jardin *m* garden
jaune yellow
jaunir to turn yellow
jeanfoutre *m* (*slang*) scoundrel
jeter to throw
jeu *m* play, game, interplay
jeudi *m* Thursday
jeune young
jeunesse *f* youth
joie *f* joy, happiness, moment of happiness
joliment nicely
joue *f* cheek
jouer to play
  le mécanisme joue the clockwork goes off
joueur *m* player
jour *m* day
  au grand jour in broad daylight
journal *m* (*pl* journaux) newspaper
journée *f* day
joyeux, joyeuse joyous, happy
juger to judge
juif, juive Jewish
jurer to swear, promise
jusqu'à unto, up to, until
juste just, correctly
  c'est juste it is true

kermesse *f* public fair
kilomètre *m* kilometer

là there
là-bas there
  une fois là-bas once there
labyrinthe *m* labyrinth, maze
lâcher to drop, let down
laisser to let; to leave, leave behind
  laisser la place à to leave room for
  laisser tomber to drop
  se laisser aller to fall
lampe *f* lamp
lancer to throw; to launch
  lancer un coup d'œil to throw a glance
langue *f* language
lasser to tire
lecture *f* reading
légion étrangère *f* Foreign Legion
lendemain *m* day after, the next day
lentement slowly
lequel, laquelle, lesquels, lesquelles which, that, those
lettre *f* letter
leur their
  le leur theirs
se lever to get up
lèvre *f* lip
libérer to free
liberté *f* freedom
libre free

lier   to join, connect, tie
  se lier   to bind oneself
  se lier et se délier   to inter-
    lace
lieu *m*   spot, place
  au lieu de   instead of
  sans feu ni lieu   without
    hearth or home
  sur non-lieu   on insufficient
    grounds (to prosecute)
ligne *f*   line
  ligne de force   power line
limousin   of Limousin
lire   to read
lisse   smooth
lit *m*   bed
  descente de lit *f*   bedside rug
livre *m*   book
logeuse *f*   landlady
logique   logical
loi *f*   law
loin   far
  bien loin   very far
long, longue   long
  c'est long   it takes time
longtemps   a long while
  il n'y en a plus pour long-
    temps   there is not much
    time left
  il y a longtemps   a long
    time ago
  le plus longtemps possible
    as long as possible
longueur *f*   length
  à longueur de journée   all
    day long
lorsque   when

lourd   heavy
loyauté *f*   loyalty
loyer *m*   rent
lucarne *f*   small window
lueur *f*   glimmer
lui   he, it; to him, to her, to it;
    him, her, it
  lui-même   himself
lumière *f*   light
lumineux, lumineuse
    luminous
lutter   to struggle

ma   my
mâchonner   to chew
magasin *m*   shop; warehouse
magicien *m*   magician
magique   magic
mai *m*   May
maigre   lean, thin, small
main *f*   hand
  perdre la main   to lose one's
    touch
  sous la main   at hand
maintenant   now
maintenir   to keep
mais   but, however
maison *f*   house
maître *m*   master
maîtresse *f*   mistress
se maîtriser   to control oneself
mal *m*   ill, harm
  avoir mal à la tête   to have
    a headache
  faire du mal   to harm
  vouloir du mal   to want to
    hurt

mal   bad
  mal venu   poorly done
malade   sick
  tomber malade   to become sick
maladie *f*   sickness
maladroit   awkward, stupid
malaisé   very difficult
malgré   in spite of
malheur *m*   misfortune
malheureux, malheureuse   sad, unhappy, unfortunate
maman *f*   mama, mother
Manche *f*   English Channel
manger   to eat
manière *f*   manner, way
manteau *m*   overcoat
marchand *m*   merchant
marcher   to walk
mariage *m*   marriage
marié   married
masse *f*   mass
  en masse   in great number
mat   dull, dark
mater   to subdue, hold in check
matériel, matérielle   material
matin *m*   morning
matinée *f*   morning
mauvais   bad
mécanisme *m*   mechanism
  mécanisme d'horlogerie   clockwork
méconnaissable   unrecognizable
médaillon *m*   medallion
médecin *m*   doctor

méfiance *f*   mistrust, suspicion, cautiousness
meilleur   better
  le meilleur   the best
mélancolie *f*   melancholy
mélange *m*   blend
mêler   to mix; to implicate, involve
mélodieux, mélodieuse   melodious
même   same; even
  le soir même   the very evening
  même si   even though
  moi-même   myself
  quand même   however
  tout de même   after all
ménage *f*   housekeeping
  femme de ménage *f*   cleaning lady
ménager   to treat cautiously
menée *f*   scheme, activity
mener   to bring
menottes *f pl*   handcuffs
menu   slender
merci   thanks!
mère *f*   mother
merveille *f*   marvel
merveilleux, merveilleuse   marvelous, wonderful, wondrous
mes *pl*   my
mesurer   to measure, weigh
métallique   metallic
métier *m*   trade
mettre   to put

j'ai mis dix minutes it took me ten minutes
mettre à la disposition to give
mettre en page to set in type
mettre les pieds to set foot
se mettre à to begin, start
meuble *m* piece of furniture
meubles *m pl* furniture
meubler to furnish
midi twelve o'clock noon
à l'heure de midi at twelve noon
le mien, la mienne mine
mieux better, better off
milieu *m* middle
au milieu de in the midst of
militant *m* active member of a political party
mille one thousand, thousand
milliard *m* billion
millier *m* thousand
mince thin
mine *f* appearance, look, expression
avoir bonne mine to look well
misérable pitiful
misère *f* misery
mode *f* fashion
à la mode fashionable, up-to-date
modeste simple, small; unassuming
moi me
moi-même myself

moindre least
moine *m* monk
moins less
au moins at least
moins que less than
pour le moins at least
mois *m* month
moisson *f* harvest
moitié *f* half
à moitié half, halfway
moment *m* moment; present time
sur le moment on the spot
mon, ma (*pl* mes) my
monarque *m* monarch
monde *m* world
au monde in the world
mettre au monde to give birth to
tout le monde everybody
Monsieur Sir, Mr.
monsieur *m* gentleman
montagne *f* mountain
monter to go up, climb
montrer to show
se montrer to appear
se moquer (de) to laugh (at), make fun (of)
morceau *m* bit, piece
mordre to bite
mort *f* death
mot *m* word
mot à mot word for word
mou (mol), molle soft
mouchard *m* stool pigeon
moue *f* pout
mouiller to wet

mourir   to die

mouvement *m*   movement, motion

moyen, moyenne   average

moyen *m*   means

   moyens d'argent *m pl*   financial means

mule *f*   slipper

mur *m*   wall

murir   to mature, bring to maturity

murmure *m*   murmur, whispering

murmurer   to whisper

musicien *m*   musician

musique *f*   music

mystère *m*   mystery

naissance *f*   birth

   naissance du nez   bridge of the nose

naître   to be born; to take shape

   faire naître   to give birth to, inspire

nature: dans la nature   outdoors

naturel, naturelle   natural, normal

naturellement   naturally, by nature; of course, for sure

nécessaire   necessary

ne... que   only

nerf *m*   nerve

   avoir les nerfs à bout   to be on edge

nerveux, nerveuse   nervous

netteté *f*   distinctness

   avec netteté   distinctly

nettoyer   to clean

neuf   nine

neuf, neuve   new

nez *m*   nose

ni   neither

   ni l'un ni l'autre   neither

   ni... ni   neither ... nor

niveau *m*   level

noir   black, dark

noirâtre   blackish

nom *m*   name

   du nom de   by the name of

nombre *m*   number

   être au nombre de quatre   to be four in number

   sans nombre   countless

nombreux, nombreuse   numerous

   peu nombreux   not numerous

nommer   to name

   il se nomma   he told his name

non   no; not

   non plus   neither

nos *pl*   our

notaire *m*   attorney

note de police *f*   police report

notre   our

   le nôtre   ours

nouer   to tie; to establish

se nourrir   to feed

   se nourrir à mi-faim   to feed half decently

nourriture *f*   food

nouveau (nouvel), nouvelle
   new
  de nouveau   again
nu   naked
nuit *f*   night
  il fait nuit   it is dark
nul, nulle   no; null
  nulle part   nowhere

obéir   to obey
objet *m*   object
obscur   dark; obscure, unknown
obscurité *f*   darkness
obsédant   haunting
observer   to observe, notice; to
   remark, say
obstinément   obstinately
obus *m*   shell
occasion: avoir l'occasion   to
   have the opportunity
occuper   to occupy, live in,
   take up
odeur *f*   odor, smell
œil *m* (*pl* yeux)   eye
  coup d'œil *m*   glance
œuvre *f*   work, effort
officiel, officielle   official
officier *m*   officer
officine *f*   den
offrir   to offer, propose
ogival   ogival, pointed
ombre *f*   shade, shadow
on   one, they, people, some-
   body, we
ondulation *f*   undulation
  ondulations de terrains *f pl*
   hills and valleys

opérateur *m*   operator
opiniâtre   obstinate
opinion: se faire une opinion
   to form an opinion
oppressé   oppressed
  respiration oppressée *f*
   heavy breathing
or *m*   gold
  d'or   golden
ordinaire   ordinary
  comme à l'ordinaire   as
   usual
  d'ordinaire   usually
ordonner   to order
ordre *m*   order
oreille *f*   ear
os *m*   bone
oser   to dare
osseux, osseuse   bony
ou   or
où   where, in which
ouate *f*   cotton
  ouate hydrophile   cotton
oublier   to forget
oui   yes; yes indeed!
outil *m*   tool
ouvrage *m*   work
ouvrier *m*   worker
ouvrir   to open

page: mettre en page   to set
   in type
paillasse *f*   straw mattress
pain *m*   bread
paisible   peaceful, quiet
paisiblement   calmly
palais *m*   palace

panne *f* breakdown
  panne de courant power failure
pantoufle *f* slipper
papier *m* paper
  papier pelure onionskin paper
paquet *m* parcel, package
par by, through
  de par le monde throughout the world
  par où through which
paraître to appear, seem
  à ce qu'il paraît as it would seem
parce que because
par-dessous underneath, beneath
par-dessus on top
pardessus *m* overcoat
pardonner to forgive
pareil, pareille such; similar
  une somme pareille such a sum
parfaitement perfectly, absolutely
parfois sometimes
parfum *m* perfume
parler to speak
  parler haut to talk aloud
parmi among
parole *f* word
  adresser la parole à to speak to
part *f* part, portion, share
  de sa part on his part
  nulle part nowhere

pour ma part as far as I am concerned
partager to share
parti *m* party
particulièrement particularly
partie *f* game; part
  partie de dominos game of dominoes
partir to start, leave, go
partout everywhere, anywhere
patrouille *f* patrol
parvenir to reach
pas not
  ne... pas not
  pas de no
  pas du tout not at all
  pas vrai isn't it?
pas *m* step, pace
passant *m* passer-by, pedestrian
passé *m* past
passer to pass; to turn
  se passer to happen, occur
passionnant thrilling
patiemment patiently
pâtisserie *f* pastry; pastry shop
patrie *f* fatherland
patron *m* boss
  patron d'hôtel hotel manager
pauvre poor
pauvrement poorly
pavillon *m* pavilion; shed
payer to pay, pay back
pays *m* country
paysan *m* peasant

peau *f* (*pl* peaux)   skin
peignoir *m*   dressing gown
peindre   to paint; to describe
peine *f*   difficulty; grief
  à peine   hardly
  faire de la peine   to hurt
peintre *m*   painter
pèlerine *f*   cape
pelure: papier pelure *m*
  onionskin paper
pencher   to bend forward
  se pencher   to bend for-
    ward, lean forward
pendant   during
  pendant que   while
pendule *f*   clock
pénétrer   to penetrate, enter
pénible   painful
pensée *f*   thought; opinion
penser   to think, believe
pensif, pensive   pensive
percer   to pierce
perdre   to lose
  perdre la main   to lose one's
    touch
  perdre son temps   to waste
    one's time
  se perdre   to get lost, dis-
    appear
père *m*   father
permettre   to permit, allow, let
personnage *m*   character
personnalité *f*   personality,
  character
personne *f*   person (*pl* people);
  no one, nobody
peser   to weigh

petit   little, small
pétrole *m*   oil
peu
  fort peu de   almost no
  peu à peu   little by little
  peu de   only a few
  peu de temps après   not
    long after
  peu nombreux   not numer-
    ous
  un peu   a little, a little bit
peuple *m*   people
peuplé   inhabited
peur *f*   fear
  avoir peur   to be afraid
peut-être   maybe
pharmacien *m*   pharmacist
phrase *f*   phrase, sentence
physique   physical
  culture physique *f*   physical
    exercises
physiquement   physically
pièce *f*   room
pied *m*   stand, foot
  mettre les pieds   to set foot
pincé   pinched
  joue pincée *f*   hollow cheek
piquer   to sting
  piquer vers   to head for
pire   worse; worst
pis   worse
  tant pis   too bad
pitié *f*   pity, compassion
pitoyable   pitiful
pivoter   to turn
  faire pivoter   to turn

place *f*   room; place, spot; public square
  faire place à   to make room for, give way to
  laisser la place à   to leave room for
  sur place   on the spot
placer   to put
se plaindre   to complain
plaire   to please
  ça vous plairait   would you like?
  s'il vous plaît   please
plaisir *m*   pleasure
plancher *m*   floor
plat   flat
  à plat   flat
plein (de)   filled (with), full (of)
pleinement   fully, completely
pleurer   to cry
pleuvoir   to rain
pli *m*   crease
pluie *f*   rain
plume *f*   pen
plus   more; most
  au plus   at most
  bien plus   much more, many more
  de plus en plus   more and more
  le plus... de, le plus... des   the most . . . of
  ne... plus   no longer
  non plus   either, neither, also
  plus que   more than
  rien de plus   nothing more

  un peu plus   a little bit more
plusieurs   several
plutôt   rather
pluvieux, pluvieuse   rainy
poche *f*   pocket
poème *m*   poem
poète *m*   poet
poids *m*   weight
poignet *m*   wrist
poing *m*   fist
point *m*   point
  à quel point   to which extent
  être au point   to be ready
  être sur le point de   to be going to
  qui est-ce qui ne va point   what's wrong?
  un point c'est tout   and that's all for that!
pointe *f*   tip
  sur la pointe des pieds   on tiptoe
poisson *m*   fish
  arête de poisson *f*   fish bone
poitrine *f*   chest
policier *m*   policeman
politesse *f*   politeness, polite attention
pomme *f*   apple
  pomme d'Adam   Adam's apple
pommette *f*   cheekbone
pont *m*   bridge
  ingénieur des ponts et chaussées *m*   civil engineer

porte *f*   door
portée *f*   staff (in music)
porter   to bear, carry; to wear
  aller porter   to carry
  se porter bien   to be well
poser   to put, place
  se poser   to set
possédé *m*   madman
posséder   to have, possess, own
possesseur *m*   owner
poste *m*   station
  poste de commandement
    command station
  poste de radio   radio
pouce *m*   thumb
poumon *m*   lung
pour   for; as for; in order to
pourquoi   why
poursuivre   to pursue, proceed,
  go on
pourtant   however, neverthe-
  less
pousser   to grow up; to push
pouvoir   to be able to
  il ne pouvait rien de plus
    he could not do anything
    more
  je n'en peux plus   I am
    worn out, I cannot go on
  je peux   I can, I may
pouvoir *m*   power
précaire   precarious
précipiter   to precipitate,
  hurry
précis   precise, exact; tense
  à six heures précises   at six
    o'clock sharp

préciser   to specify
premier, première   first
prendre   to catch
  prendre congé   to leave, say
    good-by
  prendre ses jambes à son cou
    to take to one's heels
  prendre soin   to take care
  prendre son courage à deux
    mains   to summon up all
    one's courage
  se prendre   to get caught; to
    begin
  s'y prendre   to go about
préparer   to prepare
près (de)   near, next to
presbytère *m*   rectory
présenter   to present, show,
  introduce
  se présenter   to introduce
    oneself
presse *f*   printing press
pressé   in a hurry
se presser   to hurry
pression *f*   pressure
prêt   ready
prêter   to lend
prêtre *m*   priest
preuve *f*   proof
prévenir   to warn
prévoir   to forecast; to arrange
  in advance, reserve
prier   to beg, pray
  je vous en prie   I beg you
princesse *f*   princess
printemps *m*   spring
prisonnier *m*   prisoner

prix *m*   price
procédé *m*   proceeding
  bons procédés *m pl*   good
    services
profiter (de)   to take advan-
    tage of
profond   deep
profondément   deeply
profondeur *f*   depth
promenade *f*   walk
  en promenade   walking
se promener   to walk
  promener ses yeux sur   to
    survey, gaze on
promesse *f*   promise
promettre   to promise
proposer   to propose, suggest,
    offer
propre   clean; own; well done
  propre à   conducive to
province *f*   province; country
provisions *f pl*   provisions of
    food
provoquer   to provoke, start
publier   to publish
puis   then
puisque   since, because
puissant   powerful

qualité *f*   quality, distinction
quand   when
  quand même   however
quant à   as for, as to
quarante   forty
quartier *m*   district
quatre   four

que   that, whom, which
  ce que   which
quel, quelle   what, which
quelconque   ordinary
quelque   some
  quelque chose   something
  quelque chose de beau
    something beautiful
  quelques   some; a few
  quelques-uns, quelques-unes
    some
  quelqu'un   someone, some-
    body
qu'est-ce que   what
questionner   to ask
qui   who, that, whom, which
  ce qui   what
quiconque   whoever, whom-
    ever
quinte de toux *f*   fit of cough-
    ing
quinze   fifteen
quitter   to quit, leave
  se quitter   to leave one
    another
quoi   what; which
quoique   although

râblé   muscular
raconter   to tell
raison *f*   reason
  avoir raison   to be right
raisonnement *m*   reasoning
ramener   to bring back
se rappeler   to remember
rapporter   to bring back
rapprochement *m*   connection

rapprocher   to bring close
  se rapprocher   to come
    closer
  yeux rapprochés *m pl*   eyes
    drawn close to each other
ras   flat
raser   to shave
  raser les murs   to brush
    along the walls
rassembler   to put together
ravagé   tormented
ravir   to delight, entrance
ravissant   delightful
ravissement *m*   rapture
rayon *m*   shelf; ray, beam
recevoir   to receive, take in
récipient *m*   container
récit *m*   story
réclusion *f*   confinement
recommander   to recommend
recommencer   to start over
reconnaissant   grateful
reconnaître   to recognize; to
    admit
se recueillir   to collect one's
    thoughts
réduire   to reduce, diminish
se refermer   to close up
réflexion *f*   thought
réfréner   to curb
refus *m*   refusal
regard *m*   eyes; glance, look
regarder   to look at
  regarder fixement   to stare
    at
régler   to settle
regretter   to regret

reins *m pl*   waist
rejeter   to reject, throw away
rejoindre   to meet
relatif, relative   relating to;
    relative
relever   to raise, raise again
  se relever   to stand up again
remarque *f*   remark
remarquer   to notice, take
    notice
remercier   to thank
remettre   to give up; to put
    back again
  se remettre en route   to start
    again, resume one's trip
remonter   to go back, return
remplacer   to replace
remplir   to fulfill, fill
rencontre *f*   meeting
rencontrer   to meet
rendre   to render, return; to
    give off
  ça rend service   it is useful
  rendre visite   to pay a visit
  se rendre (à)   to go (to)
  se rendre compte   to realize
renom *m*   fame
  en renom   famed
renoncer   to renounce, give up
rentrer   to come in, come in
    again; to come back, get
    back
  faire rentrer   to bring back
renverser   to turn upside down;
    to bend
renvoyer   to send back
répandre   to spill, scatter

réparer   to fix, repair

repas *m*   meal

répéter   to repeat

replier   to bend; to pull up

répondre   to answer

repos *m*   rest

reposer   to rest

   se reposer   to rest

reprendre   to take back; to resume

   reprendre ses forces   to recover one's strength

réseau *m*   network

   réseau d'écoute et de surveillance   monitoring and spying network

se résigner   to resign oneself

se résoudre   to be resolved

ressembler   to look like

ressentir   to feel

reste *m*   rest, remainder

rester   to be left, remain

   il reste une heure   one hour is left

se retaper   to get back into shape

se retourner   to turn back

   se tourner et se retourner   to toss and turn

retrouver   to find, find again

   se retrouver   to find oneself again

réunir   to join

réussir   to succeed, be successful

rêve *m*   dream

réveillé   awake, stirred up, animated

réveiller   to awake, wake up

revenir   to come back, return

revoir   to see, see again

   au revoir   good-by!

révolte *f*   revolt

révolté   revolted

richesse *f*   wealth

ride *f*   wrinkle

ridicule   ridiculous

rien   nothing

   rien de sincère   nothing sincere

   rien ne fait   nothing can be done, it does not matter

   rien que   nothing but

   rien que de   only the fact of

rieur, rieuse   laughing

rire   to laugh

risque *m*   risk

risquer   to risk

robe *f*   gown

   robe de chambre   housecoat

rocaille *f*   rock work

romantique   romantic

romantisme *m*   romantic feeling

rompre   to break

   se rompre   to break, break open

ronce *f*   bramble, thorn

   ronce métallique   barbed wire

ronde *f*   patrol

ronéo *f*   duplicating machine

rose   pink

rouge   red

rougeur *f*   redness, blush

rougir   to blush, turn red
rouler   to roll, roll up
route *f*   road, route
   faire la route   to go the distance
   se remettre en route   to start again
roux, rousse   red-haired
rudement   harshly
rudimentaire   rudimentary, primitive
rue *f*   street
ruiné   ruined
Russie *f*   Russia

sa   his, her, its
sable *m*   sand
sabot *m*   wooden shoe
sacré   sacred
sage   wise; calm
sagesse *f*   wisdom
saillant   sticking out
saisir   to grasp, seize
   saisir au vol   to grasp out of the air
saison *f*   season
salaud *m* (*slang*)   dirty skunk
sale   dirty; bad
salive *f*   saliva
salut *m*   salute
samedi *m*   Saturday
sana *m*   sanatorium
sang *m*   blood
sanglot *m*   sob
sans   without
santé *f*   health
satisfaction *f*   pleasure

satisfaire   to satisfy
   se satisfaire   to be satisfied
sauf   except
sauter   to jump; to go off
   faire sauter une serrure   to spring a lock
   sauter à la gorge de   to assault
sautiller   to hop
sauvage   wild; unsocial
sauver   to save
savoir   to know
   je ne saurais   I could not
savoir *m*   knowledge
scrupule *m*   scruple
séant *m*   sitting posture
   se dresser sur son séant   to sit up
sec, sèche   dry; lean
sèchement   dryly; curtly
seconde *f*   second
secouer   to shake
secours *m*   help
secret, secrète   secret, clandestine, discreet
   en secret   secretly
sein *m*   breast
   au sein de   amidst
séjour *m*   stay, sojourn
selon   according to
semaine *f*   week
semblant *m*   likeness
   faire semblant de   to pretend
sembler   to seem
sens *m*   sense; direction
   bon sens   common sense

sensible   sensitive; moved
sentiment *m*   feeling
sentir   to feel
séparer   to separate
  se séparer   to part
sergent *m*   sergeant
serrer   to squeeze, press,
    tighten
  serré   squeezed, tight
  serrer les poings   to clench
    one's fists
serrure *f*   lock, keyhole
service: ça rend service   it is
    useful
serviette *f*   towel
servir   to help
  servir de   to act as
ses *pl*   his, her, its
seuil *m*   threshold
seul   alone, by oneself, only,
    single
  tout seul   by oneself
  un seul   a single one
seulement   only
sévère   severe, stern
sévérité *f*   severity
si   yes; if; so, so much
  si peu... que   so little . . .
    that
siège *m*   seat
le sien, la sienne   his, hers, its
  les siens *m pl*   his family
siffler   to whistle; to wheeze
siffloter   to whistle softly
signe *m*   sign
signification *f*   meaning
silence *m*   silence, pause

silencieux, silencieuse   silent,
    still, quiet
simplement   simply; solely,
    only
simplicité *f*   simplicity
singulier, singulière   uncom-
    mon, odd
soi   oneself
  confiance en soi *f*   self-
    confidence
soie *f*   silk
soigner   to look after, take care
    of
soigneusement   carefully
soi-même   oneself
soin *m*   care
  prendre soin   to take care
soir *m*   evening
soirée *f*   evening
sol *m*   ground
sol: clé de sol *f*   key of G
soleil *m*   sun
  bain de soleil *m*   sunbath
solitaire   lonely
sombrer   to sink
  sombrer dans le sommeil
    to fall asleep
somme *f*   sum, sum of money
  en somme   all in all, on the
    whole
sommeil *m*   sleep, slumber
  avoir sommeil   to be sleepy
son, sa (*pl* **ses**)   his, her, its
son *m*   sound
sonate *f*   sonata
songer   to think
sonner   to ring

sonnette *f* bell
  coup de sonnette *m* ring-
    ing of a bell
sorcier *m* wizard
sordide sordid, poor
sorte *f* sort, kind
  en quelque sorte somehow
  faire en sorte que to man-
    age so that
sortir to get out
soudain sudden, suddenly,
  abruptly
souffle *m* breath
souffrir to suffer; to regret
souhaiter to wish
soupçonner to suspect
soupe *f* soup
soupente *f* loft, garret
soupirer to sigh
sourd deaf
sourire to smile
sourire *m* smile
souris *f* mouse
sous under
  sous la main at hand
sous-louer to sublet
soutenir to support
souterrain underground
se souvenir to remember
station (électrique) *f* power
  plant
style: fauteuil de style *m* period armchair
succès *m* success
sueur *f* sweat
suffir to be sufficient, suffice

il suffit que it is enough
  that
suffocant stifling
Suisse *f* Switzerland
suite *f* rest; continuation; con-
  sequence
  par la suite subsequently
  tout de suite immediately
suivre to follow
sujet *m* subject, figure
supplier to beg
supporter to support; to bear,
  tolerate
supposer to suppose, assume
sur on
sûr reliable, sure
  bien sûr of course
sûrement certainly, surely
surprendre to surprise
surtout mainly, principally
surveillance *f* watch
surveiller to watch
symbolique symbolical
sympathie *f* liking, congenial-
  ity
symphonie *f* symphony

ta your
tableau *m* painting
tablette *f* tablet; shelf
  tablette de chocolat chocolate bar
tabouret *m* stool
tache *f* spot, dot
tâche *f* task
taille *f* size
tailleur *m* tailor

se taire   to be silent, remain quiet
tant   so much, so many
  tant pis   too bad
  tant... que   so much ... that
tantôt   sometimes
taper   to hit
  taper à la machine   to type
se tapir   to be hidden
tard   late
  au plus tard   at the latest
tardif, tardive   late
tâtonner   to grope in the dark
tâtons
  à tâtons   gropingly
  chercher à tâtons   to grope for
tellement   so much, so many
temps *m*   time; weather
  de temps à autre   from time to time
  de temps en temps   from time to time
  le temps qu'il faut   as long as necessary
  le temps qu'il leur plaira   as long as they wish
  perdre son temps   to waste one's time
  peu de temps après   not long after
tendre   tender, sweet, kind
tendre   to stretch out, hold out
  tendre la main   to hold out one's hand
tendresse *f*   tenderness, attachment

ténèbres *f pl*   darkness
tenir   to hold; to keep; to hold out
  je tiens à vous dire   I want to tell you
  se tenir   to hold, stand
  se tenir prêt   to be ready
  se tenir tranquille   to remain quiet
  tiens, tenez   look here!
tenue *f*   behavior, appearance
terne   dull
ternir   to tarnish
terre *f*   earth
terriblement   awfully, terribly
tes *pl*   your
tête *f*   head
  hocher la tête   to shake one's head
  la tête me tourne   I am dizzy
ticket *m*   ticket, rationing coupon
le tien, la tienne   yours
tige *f*   stalk, stem, blade of grass
timide   timid, shy
tintement *m*   tinkling
tirer   to pull, draw
  tirer un journal   to print a paper
titre *m*   title
toile *f*   canvas
toit *m*   roof
toiture *f*   roof
tomber   to fall
  laisser tomber   to drop

tomber en arrêt   to stop
tomber malade   to become
   sick
ton, ta (*pl* tes)   your
tonner   to thunder
torse *m*   torso
tortiller   to twist
torturer   to torture
tôt   soon
toucher   to touch; to receive
   se toucher   to be adjoining
toujours   always, ever; still
tour *m*   turn
   à son tour   in turn
   faire le tour   to go around
   tour à tour   in turn, one
      after the other
tourner   to turn
   cela me tourne le cœur   it
      makes me sick
   la tête me tourne   I am
      dizzy
   se tourner   to turn around
   se tourner et se retourner
      to toss and turn
tousser   to cough
tout   everything; all, every;
   whole
   c'est tout naturel   it is quite
      natural
   pas... du tout   not ... at all
   tous les deux   both
   tout à coup   suddenly
   tout à fait   quite
   tout à l'heure   in a few mo-
      ments
   tout de même   all the same

tout de suite   immediately
tout en   while
tout le long   all along
toux *f*   cough
tracé *m*   outline, contour
traduire   to translate
trahir   to betray
train: être en train de faire
      to be (busy at) doing
traîner   to drag
   laisser traîner   to leave
      around
trait *m*   trait, feature
traiter   to treat, handle
   traiter quelqu'un de   to call
      someone a (an)
tranche *f*   slice
tranquille   quiet
   se tenir tranquille   to re-
      main quiet
   soyez tranquille   do not
      worry!
transformer   to transform
transporter   to carry
traquer   to hunt
travail *m*   work, operation
travailler   to work
à travers   across, through
traverse: chemin de traverse
   m   cross road
traverser   to cross; to pass by
trente   thirty
tressaillir   to start, tremble
trille *f*   trill
triste   sad
tristesse *f*   sadness
trois   three

se tromper   to make a mistake
trop   too, too much, too many
trottiner   to toddle; to jog
trouver   to find
  se trouver   to be
tuberculeux, tuberculeuse
    tuberculous
tuer   to kill
typographe *m*   printer, type-
    setter

un   a, an; one
  l'un   one
uni   united, smooth, even
union *f*   liaison, union
universitaires *m pl*   university
    people
urgence *f*   urgency
usé   worn out
usine *f*   factory
usure *f*   wear, exhaustion
ut: clé d'ut *f*   key of C
utile   useful
  être utile à   to help

vaciller   to flicker
vair *m*   gray and white fur
valeur *f*   value, worth
valise *f*   suitcase
vaste   vast, huge
veille *f*   the day before
veiller   to look after
vendre   to sell
vendredi *m*   Friday
venir   to come
  en venir à   to arrive at, drive
    at

il lui vint une pensée   a
    thought occurred to him
  il vient d'entrer   he has just
    entered
  mal venu   poorly done
vent *m*   wind
vérité *f*   truth
  à la vérité   in fact, actually
vers   toward
versé   well versed
vessie *f*   bladder; goatskin (as a
    container for wine)
vêtement *m*   clothes
vide   empty
vie *f*   life
  gagner sa vie   to earn one's
    living
vieillard *m*   old man
viennois   Viennese
vieux (vieil), vieille   old
  mon vieux   old man
vif, vive   quick, alert; strong;
    brisk
vilain   bad, ugly
ville *f*   city, town
vingt   twenty
vingt-deux   twenty-two
violemment   violently
visage *m*   face
visite *f*   visit
  carte de visite *f*   calling card
visiter   to visit
visiteur *m*   visitor
vite   quickly, rapidly
vitrine *f*   store window
vivant *m*   living being
vivement   quickly, swiftly

vivre to live
voilà there is, there are
  voilà pour that's all for
  voilà qui here is what
voilé veiled
voir to see, realize
  faire voir to show
  je vois bien I realize
  se voir to see each other
voisin *m* neighbor
voiture *f* car
  voiture cellulaire police wagon
voix *f* voice
  à mi-voix in a low voice
vol *m* flight
  saisir au vol to grasp out of the air
voler to rob
voleur *m* robber
volontairement on purpose
volonté *m* will, desire
vos *pl* your

votre your
  le vôtre yours
vouloir to desire, want
  en vouloir à to be angry at
  vouloir bien to be willing
  vouloir du mal to want to hurt
voyage *m* travel, trip
voyager to travel
voyageur *m* traveler
  voyageur de commerce traveling salesman
voyelle *f* vowel
vrai true; real
  pas vrai isn't it?
vraiment truly, really, indeed
vue *f* view, sight
vulgaire vulgar, common

y there
  il y a there is, there are; ago
yeux *m pl* eyes